작업실 구하기부터 꾸미기까지

나도 작업실 해볼까?

김하나 **지음**

수작 걸다

INTRO

평범한 사람들의
특별한 원더랜드

작. 업. 실.

작업실이라 하니 왠지 근사한 작가이어야 할 것 같고, 뭔가 대단한 걸 해내야만 가질 수 있는 공간이 아닐까 하는 생각이 앞선다. 하지만 반대로 작업실이 뭐 그리 대단한 사람만이 가져야만 할까 싶기도 하다. 무엇이 되었든 자신의 일을 하는 공간이면 다 작업실이 아니던가.
이 작은 의문에서 시작했다. 매거진이나 뉴스에 소개된 근사하고 멋진 인테리어 공간 말고, 보통 사람들의 작업실은 어떤 모습일까? 작가로 명성을 떨치는 것도, 대단한 경력과 재력으로 화려함을 뽐내는 작업실을 가진 이들이 아닌, 정말 자신이 하고 있는 일을 제대로 하고 싶어 작업실을 낸 평범한 사람들의 작업실은 어떤 모습일지 호기심이 일었다. 나 또한 그러한 작업실에 대한 로망이 있었으므로.

플로리스트, 도예가, 식품연구가, 리사이클링 디자이너, 아트 디자이너, 가죽공예가… 지난 세 계절 동안 만나본 작업실 주인들의 직업은 참으로 다양했다. 다양한 직업만큼이나 그들의 작업 공간도 달랐다. 자신의 개성과 일의 특성에 맞춰 꾸민 공간은 흥미로웠고, 혼자만 알고 있기에는 너무 아까웠다. 으리으리한 작업실이 아닌 자신의 손으로 벽을 칠하고, 바닥을 만들고, 조명을 다는 등 셀프 인테리어로 완성한 그들의 공간은 단연 눈길을 사로잡았다. 그래서 그들의 공간을 소개해 보기로 결심했다. 열 평 이하의 작지만 아담한 작업실을 자신이 꿈꾸는 곳으로, 발품 팔아 찾은 가구와 손때 묻은 작업도구, 좋아하는 소품으로 채운 그들의 공간 탐색은 그렇게 시작되었다.

최근 작업실은 혼자만의 공간이 아닌 사람들과 함께 하는 공간으로 진화하고 있다. 실제 만난 작업실들도 대부분 그러했다. 자신만의 아지트, 비밀스런 공간을 넘어서 사람들과 공유하고 소통하는 공간이랄까. 개인 작업실이면서 쇼룸을 통해 자신의 작업물을 선보이거나, 직접 만든 제품을 판매하는 숍이나 클래스를 여는 레슨공간으로 변화하고 있었다. 이는 자신과 자신이 만든 창작물을 알리는 데 이전보다 더 적극적으로 나서고 있으며, 또한 그런 공간을 궁금해 하고 함께 하고 싶어 하는 이들도 많아졌다는 증거다. 혼자가 아닌 파트너와 함께 하거나, 여러 명이 한 공간을 공유하는 경우도 늘어나는 추세다. 작업실을 갖고 싶어도 경제적인 부분에서 망설였다면 한 번 쯤 도전해볼 만한 일이다.

하지만 한 가지 잊지 말아야 할 것은 작업실 역시 창업과 다름없다는 거다. 집이 아닌 엄연히 임대료를 내고 사용하는 공간, 그리고 자신의 직장이다. 대충 나가고 싶을 때 나가고 일하고 싶을 때 일해서 임대료정도만 내도 좋다는 생각이라면 곤란하다. 작업실을 오픈하고 나서도 계속 유지하려면 임대료 이상의 돈을 벌어야 한다. 직장인만큼 스스로 만든 출근시간과 정해진 하루 스케줄을 지키도록 애써야 한다. 작업실을 내는 데는 어느 정도 대단한 각오가 있어야 한다는 얘기다. 이런 의미에서 작업실 탐방으로 만난 32명의 주인들은 실로 대단했으며, 그들의 공간 또한 기대 이상이었다.

자신의 작업실을 갖고 싶다는 막연한 생각만 한다면 이 책의 32곳 작업실을 찬찬히 탐색해볼 것을 권한다. 그들의 공간과 오픈 스토리에서 어떤 것들이 필요한지 체크하면서 그 첫 출발을 시작했으면 한다.

김하나

INTRO // 평범한 사람들의 특별한 원더랜드 04 ~ 05P

1.5평 // 다락방 아지트 <일러스트레이터 곽명주 작업실> 12P

1.5평 // 리사이클링 패브릭 창작소 <창경궁 옆 어항> 20P

2.5평 // 핸드메이드 천연비누 공방 <hanahzo> 28P

4평 // 다목적 디자인 공간 <미술관 옆 작업실> 36P

4평 // 실버 액세서리 공방 <SILVER KIT HOUSE> 44P

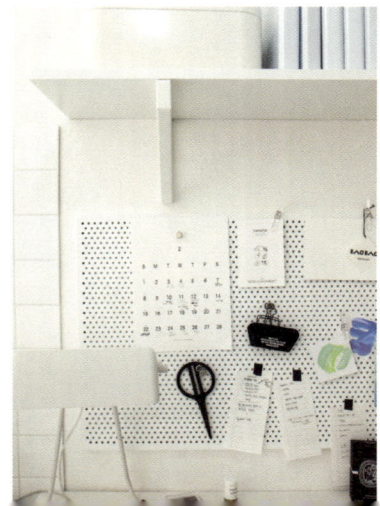

5-6평대

5평 // 갤러리형 도예 작업실 <도화 김소영 도예 작업실> **54P**

5평 // 꽃과 사람이 만나는 <VIVAVERDE> **62P**

5평 // 동네 커피 공방 <CHAMP COFFEE> **70P**

5평 // 동심 가득 그림책 세상 <책방 피노키오> **78P**

6평 // 옥탑방 디자이너 아지트 <Between Agit> **88P**

6평 // 숲 속 컨테이너 사진관 <앤티크프레임> **96P**

6평 // 은과 매듭으로 빚은 액세서리 공방 <이태원 작업실> **106P**

6평 // 핸드메이드 식품 작업실 <IN SEASON> **114P**

6평 // 향기 가득! 캔들 작업실 <COMFORT ZONE> **122P**

6평 // 아트와 티셔츠의 만남 <aXT> **130P**

7-8평대

7평 // 핸드메이드 자전거 공방 <DITOBICI> **140P**
7평 // 행복을 담는 선물포장 공방 <아우름> **148P**
7평 // 두 남자의 청춘 가죽 공방 <앰퍼샌드> **156P**
7평 // 패션 디자이너 연습실 <HUNK FACTORY> **164P**
8평 // 컨테이너 그림 작업실 <강혜진의 부농작업실> **174P**
8평 // 리사이클링 워크룸 <SAGE DESIGN> **182P**
8평 // 캘리그라피 작업실 <감성공장 스토리꼴> **190P**
8평 // 수제 밀크 잼과 티와의 만남 <탐나는 티타임> **198P**
8평 // 니팅 소품 작업실 <POCO GRANDE> **206P**

9평 // 팝아트 초상화 아틀리에 <with COLA-C> **216P**
9평 // 다락방 패턴 연구소 <패턴팝 스튜디오> **224P**
9평 // 실크 스크린 아틀리에 <print, make, love> **232P**
9평 // 빌딩 숲속 멀티 작업실 <김아람 작업실> **240P**
9평 // 프로젝트 워크룸 <성지길 커피 앤 프로젝트> **248P**
9평 // 아트 프린트 스튜디오 <Visual Collection> **256P**
9평 // 골목 안 1인 미용실 <장싸롱> **264P**
9.5평 // 컨테이너 목공 작업실 <WOOGAMADE> **272P**

PLUS INFO // all about workroom **280 ~ 295P**

4평 미만

1.5평	다락방 아지트 <일러스트레이터 곽명주 작업실>	
	리사이클링 패브릭 창작소 <창경궁 옆 어항>	
2.5평	핸드메이드 천연비누 공방 <hanahzo>	
4평	다목적 디자인 공간 <미술관 옆 작업실>	
	실버 액세서리 공방 <SILVER KIT HOUSE>	

카페 안 다락방에 꾸민
일러스트 작업실
1.5평

MINI INFO
작업실 명   일러스트레이터 곽명주 작업실
컨셉트   일러스트 작업실
규모   1.5평
위치   서울시 종로구 통의동 35-11
문의   blog.naver.com/vonny1

HER Workroom IS...

"카페 3층, 포근한 햇살이 들어오는 한 뼘 작업실이
제 공간이에요. 아주 작지만 즐겁게 일할 수 있는 책상이 있고,
힘들 때 쉴 수 있는 암체어도 있는 아늑한 공간이죠.
카페에서 들려오는 사람들의 이야기에 외롭지도 않아요.
이곳에서 좋아하는 그림을 마음껏 그리고, 웹서핑도 하면서
다양한 아이디어를 구상하기도 하지요."

 **DAILY SCHEDULE**

12:00	작업실 오픈, 정리
13:00	브레이크 타임, 작업 스케줄 확인
14:00	웹서핑, 자료 조사
15:00	일러스트 작업(또는 회의, 디팅)
18:00 ~ 마감	일러스트 작업

HER Opening Story IS...

▷ **화학도의 그림 사랑**

일러스트레이터 곽명주 씨의 원래 전공은 화학이었다. 화학도를 꿈꾸며 대학에 입학했지만 생각만큼 전공에 흥미를 느낄 수 없었고 진지하게 앞으로의 진로에 대해 고민하다 디자인학과로의 전과를 선택했다. 늦은 선택이었지만, 어렸을 때부터 그림 그리는 것을 좋아했기에 행복하고 즐거웠다. 카페 아르바이트 도중에는 식사시간을 빼가며 그림을 그릴 만큼 그림에 푹 빠져 지냈다. 휴학 후 서울로 올라와 동경하던 문구 브랜드 '공책'의 디자이너로 사회생활을 시작, 학업을 마치기 위해 다시 고향으로 내려가기 전까지 문구 디자이너로 실력을 키워 나갔다.

▷ **다시 서울로**

학업을 마친 뒤 다시 서울행을 택했다. 취직을 한 것도, 구체적인 계획이 잡혀 있던 것도 아니었지만 그저 그림을 그리면서 일하고 싶다는 마음에 서울에서의 새로운 인생을 준비했다. 마침 전에 일했던 문구 브랜드 '공책'의 사무실이 카페로 바뀌고 개인 사무실로 쓰였던 공간이 비어 있다는 소식을 듣고 한달음에 달려갔다. 디자이너로 근무할 때부터 눈여겨봤던 공간이었고, 낯설기만 한 서울에서 가장 익숙했던 곳이었기에 개인 작업실로 만들고 싶었다. 무엇보다 자신이 그림의 스타일과도 비슷한 감성이 묻어 있어 작업을 하는 데도 많은 도움이 될 것 같았다. 다행히도 흔쾌히 작업실로 공간을 내어준 사장님 덕분에 카페의 작은 다락방은 오롯이 그녀의 공간이 되었다.

▷ **카페 3층 한 뼘 작업실**

그녀의 다락방 작업실은 책상과 선반, 그리고 암체어만으로도 꽉 찰 정도로 작다. 하지만 따스한 햇살이 들어오는 큰 창이 있는데다 아늑하고 하루 종일 아무에게도 방해받지 않고 늦게까지 작업을 할 수 있으니 그녀에겐 천국이다. 작업하다 커피 생각이 나면 카페에 내려가 수다를 떨면서 커피 한잔을 즐길 수 있고, 카페에서 들려오는 사람들의 도란도란 이야기

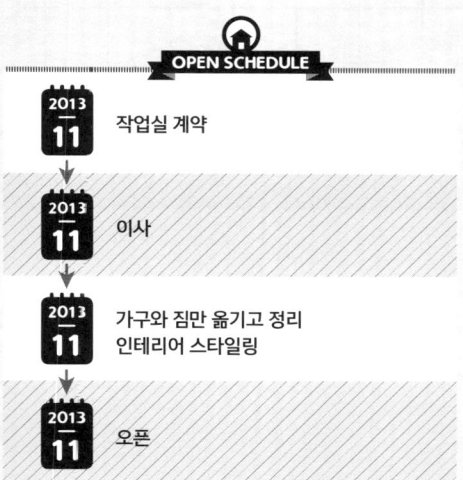

OPEN SCHEDULE

- 2013/11 작업실 계약
- 2013/11 이사
- 2013/11 가구와 짐만 옮기고 정리 인테리어 스타일링
- 2013/11 오픈

꽃이나 과일, 야채 등은 그녀의 작업에서 중요한 모티브가 된다. 물감으로 작업한 작품들.

직접 물감으로 그린 '겨울풍경'. 가장 좋아하는 작품이라 액자에 넣어 따로 보관하고 있다.

'원모어백'이라는 가방 브랜드와 콜라보레이션한 작품. 즐겨 사용하는 물건 중 의미 있는 것들을 그렸다.

작업실에는 식물들이 많은데 그중 하나인 귀여운 선인장. 그녀의 그림에 자주 등장한다.

간단한 드로잉으로 완성한 인물화. 액자에 넣어 작업실 선반에 전시하고 있는 작품 중 하나다.

귀여운 사슴이나 기린 등의 동물들도 작품 속에 등장한다. 작업실에서는 인테리어 소품으로 활용.

소리에 혼자만의 작업이 외로울 틈도 없다. 아래층 카페에서 들려오는 소리가 오히려 안정감을 주기도 한다. 작업을 할 때도 작업실 문을 닫지 않고 열어 둔다.

▶ **다락방에서 키우는 꿈**

서울에 올라와 일러스트레이터로 활동한 지도 1년이 넘었다. 막막하기만 할 것 같던 일도 어느 정도 자리를 잡아가고 동화책 삽화부터 매거진 일러스트, 포스터, 앨범 커버 작업, 그리고 가방 브랜드와의 콜라보레이션까지 많은 일들을 하고 있다. 이 모든 것이 지금의 작업실에서 이루어졌기에 그녀에게 1.5평의 작은 작업실은 너무나 소중한 공간이다. 매일 아침 일어나면 작업실로 달려가 작은 의자에 앉아 그림을 그리고 싶고, 창으로 들어오는 햇살을 맞으며 커피를 마시고 싶어진다. 이런 소소하지만 행복한 삶을 가능하게 한 작업실은 그래서 더 특별하다.

HER Space IS...

집 서재 같은 아늑하고 편안한 공간

그녀의 작업실은 별도의 공사를 하지 않았다. 휴학 시절 그녀가 출근했던 문구 회사의 벽과 바닥을 그대로 살렸다. 세월의 흔적이 그대로 담겨 있으니 자연스럽고 안락하다. 1.5평 정도의 작은 공간에는 작업을 위한 책상과 수납의 역할을 하는 선반장, 그리고 휴식을 위한 암체어, 원목 의자만 있지만 전혀 불편하지 않다. 어떻게 보면 집 안에 있는 서재 같은 느낌이다.

1
가구는 최대한 벽 쪽으로
작은 공간이 넓어 보이도록 책상과 선반장 등은 최대한 벽 쪽으로 붙이고 작업실 중앙을 비워 두었다. 입구 왼쪽은 부피가 큰 책상과 선반장을 두었고 입구 정면에서 보이는 창가 쪽은 예쁜 의자와 암체어를 놓았다.

2
집중력을 높이기 위해 책상은 코너로
작업하는 책상은 집중력을 높이기 위해 코너에 두었다. 양면이 벽이라 아늑하고 안정된 느낌이다. 책상은 서랍이 많아 수납공간으로 활용하기에 더 없이 좋다. 작업실 공간이 협소한 만큼 특히 수납에 신경 쓴다.

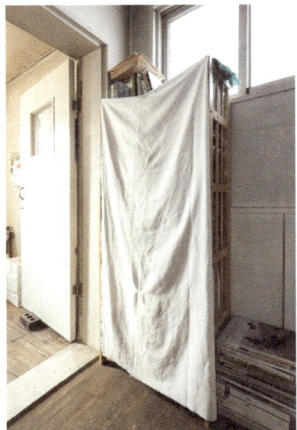  

3
현관 옆 벽은 수납공간으로
책이나 기타 자료 등 짐이 많아지면서 작업실 안쪽에 수납할 공간이 부족해졌다. 현관 옆 벽 쪽으로 선반장을 두고 책 등을 수납한다.

4
퍼즐 맞춘 듯 딱 맞는 가구들
좁은 공간이다 보니 애매하게 남는 공간이 없도록 가구를 배치하는 게 중요했다. 그래서 각을 딱딱 맞출 수 있는 가구들을 골랐다.

5
창가 앞에는 휴식 공간
햇살 가득한 창가 앞은 1인 의자를 두어 휴식 공간으로 활용한다. 가까운 손님이 올 때는 간단한 접대 공간으로도 쓰인다.

Owner's Pick-up!

SPECIAL SPACE

 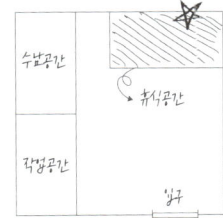

암체어를 둔 코너의 개인 공간
창가 옆 코너 쪽은 휴식 공간이자 취미 공간이다. 일하다 지칠 때 앉아서 쉬고 머리를 식히기 위해 책을 읽기도 한다. 창문 바로 옆에 암체어를 놓아 쉬면서 따사로운 햇볕을 받을 수 있도록 했다. 1인용 암체어는 자리를 많이 차지하지 않으면서도 안락해 실용적이다.

HER Self-interior IS...

동화 속 다락방을 닮은 빈티지 스타일

작업실에 들어올 때도 별다른 시공을 하지 않고 문구 브랜드 사무실로 쓰였던 이미지를 그대로 고수했다. 살짝 빛바랜 벽과 낡은 듯한 바닥이 빈티지한 멋을 풍기고 좋아하는 원목 가구를 들여 놓으니 마치 동화 속 소녀들이 살고 있을 듯한 다락방을 연상시킨다. 작업실에 있는 가구들도 새로 구입하지 않고 선물 받거나 집에서 쓰던 것들을 가져와 꾸몄다. 대신 분위기를 밝게 만들어 주는 식물을 곳곳에 두어 화사함을 더했다.

일+일 달력
by studiojinji

 TOTAL COST

공사비 총 금액 0원
         외장, 내장 공사 따로 진행하지 않음

가구 및 집기류 모두 집에서 쓰던 것 재활용 또는 선물 받음

Styling tip

은은한 주황빛 조명
작업하는 시간이 길기 때문에 눈이 쉽게 피로해지는 밝은 조명보다는 은은한 조명을 선택했다. 대신 책상 위에는 스탠드를 놓았다. 스탠드는 작업을 할 때 집중도를 높이기 위한 것. 부분적으로만 밝혀 주기 때문에 눈에도 부담이 적다.

HANDMADE CURTAIN
₩30,000 이하

STEP 01
사이즈 정확하게 재기
큰 창, 입구 창 등 커튼이 필요한 부분의 사이즈를 정확하게 잰다.

STEP 02
원단 구입하기
계절에 맞는 디자인의 원단을 동대문 시장에서 구입한다.

STEP 03
재단하고 박음질하기
길이에 맞춰 원단을 재단한 다음 시접을 접고 꼼꼼하게 박음질한다.

STEP 04
핀으로 고정시키기
따로 커튼 봉을 달지 않고 압정 등 고정 핀을 군데군데 꽂아서 고정시킨다.

캐비넷 위 미니 가든
암체어 옆에는 작업도구용 작은 2단 캐비닛을 두었다. 캐비닛 위에도 다양한 종류의 화분을 올려 미니 가든처럼 꾸민다. 겨울에는 주로 선인장을 두는 편.

빈티지 월 데코
책상 옆쪽에는 철제 바구니를 걸어 두고 작은 화분을 놓아두었는데 작업하다 고개를 들었을 때 초록빛의 잎을 볼 수 있어 좋다. 소품을 벽에 걸어 두면, 공간을 넓게 쓰면서 멋스럽다.

직접 그린 그림으로 포인트
컬러풀한 그림 작품들은 즐겨 사용하는 인테리어 소품이다. 그림 옆에 감각적인 디자인의 문구를 함께 세팅해 두기도 한다.

창경궁 옆 리사이클링
패브릭 창작소
1.5평

MINI INFO

작업실 명	창경궁 옆 어항
오너	리사이클링 핸드메이더, 독립 출판사 대표 남춘자
컨셉트	리사이클링 패브릭 작업실 + 숍
규모	1.5평
보증금	300만원 **임대료** 월 30만원
위치	서울시 종로구 창경궁로 130
문의	02-3141-0192

HER Workroom IS...

"손바닥만 한 패브릭 작업실이자 동네 사랑방이에요. 버려지고 남는 원단으로 뭘 할까 고민하다 가방이며, 쿠션, 모빌, 슬리퍼 등을 만들기 시작했죠. 대부분 즉흥적으로 디자인해서 만들지요. 손바느질 재미에 푹 빠져서 하나둘 만들다 보니 작은 작업실이 이제는 너무 좁아져버렸네요. 작업실이 길가에 위치해 바느질하면서 지나가는 사람들도 보고, 작업실 구경 오는 사람들과 인생살이 이야기를 나누기도 해요."

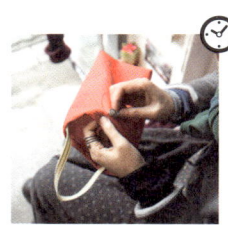

DAILY SCHEDULE

11:00	작업실 오픈 (화·수·목요일에만 오픈)
12:00	청소, 원단 정리, 매장 정리
13:00	패브릭 작업
19:00	작업 정리, 작업실 마감

HER Opening Story IS...

▷ **작가, 출판사 대표, 리사이클링 패브릭 핸드메이더**

작업실도 재밌는 이곳의 주인장 남춘자 씨의 직업은 다양하다. 작가이기도 하고, '개똥이책' 출판사 대표이기도 하며, 책놀이 강사, 에코 전시 디렉터, 그리고 리사이클링 패브릭 핸드메이더다. 호기심이 많고 뭐든지 도전해 보기를 좋아하는 성격 탓에 그녀가 하는 일은 한두 가지가 아니다. 핸드메이더로 새로운 일을 시작하게 된 것은 순전히 초등학생인 조카 덕이다. 어느 날 조카가 손바느질로 만들었다며 물고기 인형 하나를 내밀었는데 그 솜씨에 너무 놀라버렸다. 초등학생도 이렇게 쉽게 할 수 있는 일이라니 뭔가 재미있고 색다를 것 같다는 생각이 들었다. 사실 글을 쓰면서 종종 머리를 식힐 무언가가 필요했던 터라 취미로 하기에도 적당할 듯 싶었다. 입지 않는 옷이며 남는 원단을 잘라 무작정 손바느질로 물고기 인형이며, 작은 소품이며 생각나는 대로 만들어 보기 시작했다.

▷ **또 다른 창작의 장**

사실 근사한 것을 만드는 건 아니다. 전문적으로 바느질을 배운 것도, 재봉틀 하는 방법을 배운 것도 아니기에 세련되고 멋들어진 제품을 선보이지는 않는다. 대신 창의적이고, 위트 있고, 개성 있는, 그래서 보면 재미있고 즐거워지는 그런 것들을 만든다. 머릿속으로 떠오르면 노트에 스케치해보고, 그리곤 바로 만들기 시작한다. 상상하는 대로 제품이 만들어지기 시작하면 신기하고 놀랍고 뿌듯해진다. 이런 행복한 기분이 좋아서 일주일에 반 이상은 작업실에서 하루 종일 만들고 또 만든다.

▷ **한 뼘 작업실, 창경궁 옆 어항**

단순히 취미로 시작했기에 사람들에게 나누어 줄 생각이었다. 그러다 작업량이 많아지고 점점 작업실이 절실해졌다. 앉아서 작업할 수 있고, 만든 제품들을 간단하게 전시해둘 수 있는 공간이면 족했다. 그래서 집과도 가까운 지금의 작업실이 눈에 띄자마자 계약을 해 버렸다. 한 평 조금 넘는 아주 작은 공간이지만 고즈넉한 창경궁 옆에 있고, 큰 길 가에 있어 사람들

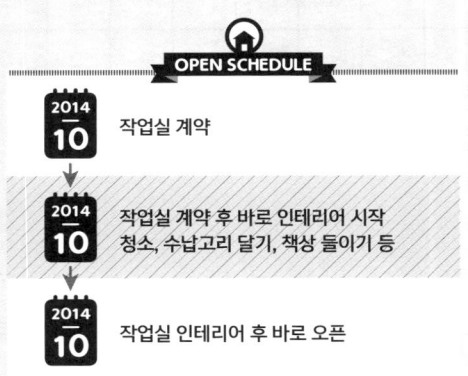

OPEN SCHEDULE

2014/10 작업실 계약

2014/10 작업실 계약 후 바로 인테리어 시작
청소, 수납고리 달기, 책상 들이기 등

2014/10 작업실 인테리어 후 바로 오픈

깜찍한 아기용 덧신. 만들자마자 팔려 나갈 정도로 인기가 많은 베스트셀러 아이템.

물고기 모양의 슬리퍼. 손바느질로 꼼꼼하게 만든 100% 핸드메이드 제품이다.

고깔 모양의 독특한 냄비 손잡이 커버. 안감과 겉감의 컬러를 다르게 만들어 독특하다.

동양적인 느낌이 물씬 나는 물고기 오브제. 모빌로 걸어 두거나 가방 등에 매달아 두기 좋다.

심플한 디자인의 동전 지갑. 자투리 데님 원단에 단추 걸이로 포인트를 주었다.

유아들을 위한 호피무늬 배기 바지. 아이들에게 편안할 스타일로 직접 디자인했다.

의 왕래도 많아 사람 좋아하는 그녀에게는 안성맞춤인 곳이었다. 창경궁 옆 어항이라는 작업실 이름은 창경궁 근처인 데다 작은 작업실 안이 훤히 보이는 창이 있어 마치 어항 같다는 느낌에서 붙였다. 그녀는 이곳 창경궁 옆 작업실 외에 최근 이화동에도 3평 공간의 또 다른 작업실을 열었다. 제품의 완성도를 조금 더 높이기 위해 재봉틀도 들이고, 함께하고 싶어 하는 이들을 초대하기 위함이다.

▶ **리사이클링 덕에 만난 행복**
그녀가 만드는 제품의 원단은 모두 재활용한 것들이다. 작업실이 있는 종로 주변에는 많은 원단공장이 있는데 그곳에서 대형 쓰레기봉투에 꽉꽉 채워져 버려지는 샘플 원단 등을 활용하는 것이다. 그렇게 얻은 원단들로 가방이며 쿠션, 러그, 아기 신발, 그리고 주방 생활용품까지 만든다. 의외의 원단으로 만들어 내는 소품들은 근사하게 만든 제품들과는 다른 개성이 묻어난다. 바로 이것이 그녀가 리사이클링에 푹 빠지게 된 이유이기도 하다. 버려지는 것들로 새로운 것을 만들고, 또 그것을 저렴하게 사람들에게 되돌려 주는 작업을 하면서 또 다른 행복을 찾았다고 그녀는 말한다.

HER Space IS...

버려지는 공간 없이 수납과 전시장으로

한 평 반 작은 작업실은 빈 공간이 없을 정도로 빼곡하다. 남는 공간 없이 벽면은 전부 완성품을 진열해 두는 전시 공간으로, 작은 벤치의자 아래에는 원단을 넣어 두는 수납공간으로 활용했다. 그리고 입구 쪽 창에도 수시로 만든 제품을 걸어 둘 수 있도록 했다. 그녀가 작업하는 곳은 작업실 안쪽 코너의 작은 테이블이 전부다.

1
벽면은 빈 공간 없이 모두 활용하기

작업실이 작다 보니 완성품은 대부분 벽 쪽에 진열할 수밖에 없다. 그래서 벽은 거의 완성품들로 빼곡하다. 그녀가 만든 책 내지 사진이나 선물 받은 그림도 함께 걸어 자연스러운 분위기를 연출한다.

2
작업실 입구 앞에도 미니 쇼룸

간판이 제대로 없기 때문에 지나가는 사람들이 어떤 곳인지 모르고 지나치는 경우가 많다. 그래서 작업실 입구 앞에 작은 미니 쇼룸을 두었다. 벤치 위에 완성품을 두고 판매도 함께 한다.

3
벽기둥은 액세서리 진열 공간으로
입구 쪽 벽기둥은 작은 액세서리들을 진열해 두는 공간으로 쓴다. 액세서리는 작업실 근처에 사는 이웃의 작품들로 위탁판매한다.

4
벽 코너에 미니 작업 테이블 두기
작업을 하는 테이블은 안쪽 코너 공간에 두었다. 작업실이 좁은 만큼 테이블도 미니 사이즈로 골랐다. 테이블에서는 주로 손바느질로 작업한다.

5
ㄱ자형의 벤치를 이용한 진열대
좁은 공간이라 진열대도 키 낮은 미니 벤치를 이용해 완성품들을 올려 두었다. 벤치 아래에도 작은 소품들을 두거나 수납공간으로 쓰고 있다.

Owner's Pick-up!

SPECIAL SPACE

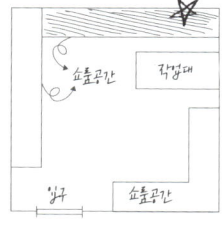

입구 정면 메인 전시 공간
작업실 입구에서 정면으로 보이는 벽은 가장 넓은 벽면으로 그녀가 만든 다양한 핸드메이드 소품을 선보이는 공간이다. 메인 전시 공간이다 보니 특별히 애착이 더 가는 편. 벽면 위에는 자신의 출판사 '개똥이 책'에서 나온 어린이 도서 낱장을 붙여 두어 독창적인 공간으로 만들었다.

HER Self-interior IS...

경제성을 살린 리사이클링 작업실

사실 그녀의 작업실은 따로 인테리어를 했다고 할 만한 요소가 없다. 간판도 새로 만들지 않았고, 내부도 흔한 셀프 페인팅조차 하지 않았다. 언뜻 보면 전혀 신경을 쓰지 않은 듯 하지만 이는 경제성을 고려한 그녀 나름의 전략이다. 큰 자본을 들이지 않고 작업실을 만들겠다는 처음의 생각을 그대로 실천한 것이고, 한 평 반 작은 작업실이라 되도록 복잡한 인테리어는 생략하겠다는 생각이었다. 완성품을 걸어 두는 데는 남는 원단을 이용했고, 작은 테이블이나 선반 등도 얻어 오거나 집에서 쓰던 것들이다.

TOTAL COST

공사비	총 금액 0원 외장, 내장 공사 따로 진행하지 않음
가구 및 집기류	총 금액 약 5만원 수납 용품 구입비-망 네트 약 1만원, 고리 약 5천원, 기타 약 3만5천원 테이블, 의자, 선반 모두 재활용 제품.

Styling_tip

HANDMADE STORAGE CASE
* 비용 들지 않음

STEP 01
크기에 맞게 원단 재단하기
벽 크기에 맞춰 먼저 원단을 재단하고 시접을 접어 박음질을 한다.

자투리 원단으로 만든 패브릭 간판
간판은 따로 만들지 않고 자투리 원단으로 작업실 이름을 만들어 창에 걸어 두었다. 글자 모양으로 원단을 잘라 바느질했다.

STEP 02
비닐에 바이어스 테이프 박기
투명 비닐 가장자리에 바이어스 테이프를 박고 큰 원단에 댄다.

목재로 만든 패브릭 걸이
패브릭 걸이는 목재를 재활용한 것. 원단을 그대로 걸어두거나 가방이나 작은 소품들을 걸어 지나가는 사람들도 잘 보이게 했다. 자투리 목재나 버려지는 것들로 수납이나 전시를 위한 인테리어 소품을 만든 것들이 많다.

STEP 03
손바느질이나 재봉틀로 박음질하기
바이어스테이프를 박은 투명 비닐과 원단을 댄 다음 다시 박음질한다.

STEP 04
벽에 걸기
완성된 패브릭 수납 케이스는 벽에 걸고 수납이 필요한 소품 등을 넣는다.

실패로 만든 완제품 걸이
인테리어 아이템도 거의 재활용한 것이 많은데 실패로 만든 제품 걸이도 그것이다. 실을 다 쓴 실패를 벽에 걸고 거기에 완제품을 걸어 두기만 하면 된다.

팝아트 초상화
작업실 벽에는 컬러풀한 색감을 자랑하는 팝아트 작품이 걸려 있는데 이는 일러스트레이터이자 팝아트 작가인 지인이 선물해 준 것. 작업실에 생기를 불어 넣는다.

하얀 욕실 속 핸드메이드
천연비누 작업실
2.5평

MINI INFO

작업실 명 hanahzo(한아조)
오너 솝 핸드메이더 조한아
컨셉트 천연비누 제작 작업실
규모 2.5평
위치 서울시 용산구 한남동 620-181
문의 blog.naver.com/hanah629
　　　www.hanahzo.com

HER Workroom IS...

"꽃이나 식물에서 얻은 성분이 많이 함유된 천연비누를 만날 수 있는 작은 작업실이에요. 천연비누에 아름다운 컬러를 넣기 위해 유화 물감으로 다양한 컬러 테스트 연구도 하는 곳이지요. 개인 작업 공간이지만 비누를 좋아하고 궁금해 하는 사람들은 언제나 환영해요. 한아조 비누에 대해 자세히 설명도 드리고 싶고, 많은 분들과 이야기도 나누고 싶어요."

DAILY SCHEDULE

9:00	작업실 오픈, 청소, 정리
10:00	주문 체크
11:00	비누 제작 재료 세팅
13:00	비누 작업 시작
18:00 ~ 마감	비누 작업, 패키지 작업, 컬러 테스트 등

***월·화·수요일** 비누 제작 또는 미팅, 시장 조사 등   **목·금·토요일** 작업실 오픈, 패키지 디자인 작업

HER Opening Story IS...

▷ **인생을 바꾼 천연 비누**

이태원 우사단길을 따라 쭉 내려가다 보면 도깨비 시장 초입에 눈에 띄는 하얀 공간이 있다. 그 안에서 열심히 비누를 만드는 이가 바로 조한아 씨다. 전직 패션 VMD, 일러스트레이터였던 그녀는 얼마 전부터 천연비누 핸드메이더로 새롭게 나섰다. 피부가 좋지 않았던 탓에 자신이 쓰면 좋을 천연비누를 찾다 이제는 사람들에게 좋은 비누를 소개하고 만드는 일을 하게 된 것. 어렸을 때부터 유난히 피부 트러블이 심해 좋다는 화장품이나 치료법에 관심이 많았는데 그러다 만난 천연비누는 그녀의 피부뿐 아니라 인생도 바꿔 놓았다.

▷ **좋아하는 비누에 옷을 입히다**

천연비누를 쓰다 보니 뭔가 아쉬운 점이 많았다. 좀 더 예쁘고 독특한 디자인으로 만들 수는 없을까? 전공을 살려 비누를 그림 작품처럼 만들고 브랜드화를 고민하기 시작했다. 비누를 보면서 풍경을 떠올리게 하고, 감성을 일깨워 주고픈 욕심도 있었다. 비누마다 콘셉트를 만들고 그에 맞는 이름도 짓기 시작했다. 가을 들판을 연상시키는 '수확의 계절', 푸른 바다를 보는 듯한 '바다 수영', 영화를 보고 영감을 받아 만든 '멘델의 분홍'과 같은 비누들은 모두 이렇게 탄생했다.

▷ **독학에서 전문가로**

처음 비누를 만들 때는 독학으로 시작했다. 천연 색소로 컬러를 넣어 자신만의 스타일로 만들고 예쁜 디자인을 넣는 것도 혼자 힘으로 했다. 하지만 점점 뭔가 부족한 점과 아쉬운 점들이 있었고, 보다 본격적으로 비누제작을 하기 위해서는 전문적인 지식이 필요하다는 생각을 하게 되었다. 그러다 우연히 참가한 프리마켓에서 비누공예가를 만나게 되고, 그 분의 공방에서 정규 클래스를 밟으면서 전문가로서의 본격적인 출발을 시작했다.

OPEN SCHEDULE

2014-10 작업실 계약

2014-12 공사 시작 (총 1개월 반)
- 6주 전 시트지 제거, 벽, 천장 페인팅
- 5주 전 전기공사, 조명 설치
- 4주 전 바닥 페인팅, 가구 옮기기
- 3주 전 타일 작업, 싱크대 주문
- 2주 전 철 선반 주문, 설치
- 1주 전 가벽 커튼 달기, 인테리어 스타일링

2015-01 공사 마무리

2015-03 작업실 오픈

'수확의 계절'이라는 이름의 비누. 노란 벼 밭 뒤 푸른 산을 연상시키는 디자인이 감각적이다.

장미 성분으로 만들어진 '멘델의 분홍' 비누. 영화 '그랜드부다페스트 호텔'에서 영감을 받아 만들었다.

카카오, 단호박, 시어버터 성분이 들어간 '오늘도 초콜릿' 비누. 마치 초콜릿 케이크를 보는 듯하다.

'드렁큰 블루베리' 비누. 블루베리와 시어버터, 진주 성분이 들어가 있어 피부 보습에 탁월하다.

바다를 연상시키는 푸른빛이 인상적인 '바다수영' 비누. 청대, 검은 콩 가루 성분이 들어 있다.

새로 판매할 예정인 파스텔 톤의 비누. 장미 분말과 녹차, 곡물 가루 성분이 함유되어 있다.

직접 디자인한 욕실용품. 함유된 성분 재료를 직접 일러스트로 그려서 제품 디자인을 완성했다.

비누 제작에 빠질 수 없는 저울. 빈티지한 디자인과 은은한 스카이 블루 컬러가 멋스럽다.

정확한 용량을 잴 때 사용하는 계량 컵. 비누를 제작할 때는 들어갈 성분의 용량 계산이 정확해야 한다.

▶ **도깨비 시장 속 작업실**

비누를 만드는 일은 큰 공간이 필요치 않는 일이라 처음에는 집에서 해도 충분했다. 하지만 본격적으로 판매도 하고, 만드는 제품도 다양해지면서 짐은 점점 더 늘어났고 더 큰 작업 공간이 필요했다. 그러던 중 창업을 준비하던 친구가 추천해 준 우사단길을 찾았다. 작은 작업실을 운영하는 동료들도 많고, 함께 공유하고 소통하는 젊은 분위기가 매력적이었다. 그러다 찾은 곳이 도깨비 시장에 자리 잡은 삼각형 모양의 작은 공간. 북적이는 시장 분위기와 다르게 깔끔하고 조용한 그녀의 작업실은 벌써 도깨비 시장 내 명소가 되었다.

HER Space IS...

싱크대와 작업대, 컬러 테스팅 책상, 쇼룸 선반까지

작업실에는 물을 바로바로 사용할 수 있는 싱크볼와 수전이 있어야 했고, 넓은 작업대가 필요했는데 이를 한꺼번에 해결할 수 있는 싱크대를 설치했다. 그리고 유화로 컬러 테스팅도 하고 사무업무도 보는 책상은 가장 안쪽에 두고, 손님이 왔을 때 필요한 미팅 공간은 접었다 펼 수 있는 미니 테이블로 대신했다.

1
작업실 가장 안쪽 공간은 미니 사무실로

삼각형 모양으로 가장 안쪽의 좁은 공간은 컴퓨터를 올려놓을 책상을 두어 사무실 겸, 컬러 테스팅 작업을 할 수 있도록 했다. 책상 위쪽으로 선반을 달아 답답해 보이지 않도록 신경을 썼다.

2
입구 오른쪽 벽을 쇼룸 공간으로

입구에서 오른 쪽 벽에는 다양한 사이즈의 철제 선반을 달고, 다양한 비누들을 디스플레이했다. 작업실을 찾아오는 손님들이 직접 눈으로 볼 수 있도록 종류별로 깔끔하게 정리했다.

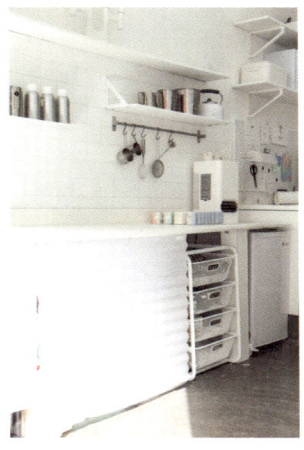  

3
싱크대 아래는 수납공간으로
싱크 볼이 있는 곳만 수납 문을 달고 그 옆은 수납 트레이를 넣을 수 있도록 비워 두었다. 비누 제작 도구나 재료들을 싱크대 아래에 수납한다.

4
타일 벽에 도구 수납
싱크대 위 타일 벽에 선반과 철제 걸이를 설치해 비누 제작에 필요한 계량컵 등의 도구를 걸어 두었다. 도구를 바로바로 꺼내 쓸 수도 있어 편리하다.

5
미니 테이블은 미팅 플레이스
손님과 얘기를 나눌 수 있는 미팅 공간이 꼭 필요했는데 장소가 좁아서 접었다 펼 수 있는 미니 테이블로 대신하기로 했다.

Owner's Pick-up!

SPECIAL SPACE

 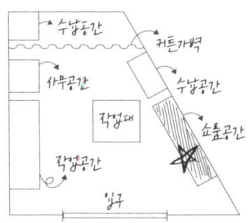

hanahzo만의 개성을 드러낸 벽면
산뜻한 컬러감이 돋보이는 hanahzo만의 비누들을 전시하고 있는 공간은 그녀에게 가장 특별하다. 수없이 테스트해 보는 유화 테스팅 샘플도 함께 두어 컬러가 어떻게 만들어지는지도 볼 수 있도록 했다. 현재 판매하고 있는 대부분의 비누 샘플들과 출시를 앞둔 새로운 제품들이 있다.

HER Self-interior IS...

하얗고 하얀 클린 욕실처럼
그녀의 작업실은 온통 하얗다. 작업실 인테리어를 구상할 때 가장 큰 콘셉트로 잡은 것이 바로 '화이트 욕실'이었기 때문. 온통 하얀 공간에 화사한 컬러감을 뽐내는 비누가 있는 풍경을 원했다. 비누가 돋보이게 하기 위함이기도 했고, 이국적인 새하얀 욕실을 그대로 표현하고 싶어서였다. 해외여행 때 보았던 깔끔한 화이트 톤의 욕실들과 패션 디자이너 마르지엘라의 화이트 매장 인테리어에서도 영감을 받기도 했다.

₩ TOTAL COST

공사비	총 금액 약 200만원
➤ 외장 공사비	철문 페인팅, 스티커링 약 15만원
➤ 내장 공사비	페인트 약 7만원, 바닥 약 5만원, 싱크대 약 80만원, 벽 타일 약 5만원, 조명 약 10만원, 전기공사 약 30만원, 기타 약 48만원

가구, 소품 구입비	약 50만원

Styling tip

직접 주문한 철판 선반
외국 욕실 인테리어에서 본 철판 선반을 설치하고 싶었지만 기성품이 없어서 직접 을지로 철판공장에 가서 사이즈별로 주문하고 도색했다. 벽 사이즈에 맞춰 도면을 직접 그린 뒤, 개수와 사이즈를 정했다.

화이트 컬러로 책상
화이트 콘셉트에 맞춰 소품이나 문구류도 모두 화이트로 골랐다. 책상 위 선반은 집에 있던 것을 다시 칠해서 설치한 것. 타공판은 을지로 철공장에서 구입했다. 화이트 컬러의 공간에 포인트가 되도록 블랙 컬러 소품도 함께 두었다.

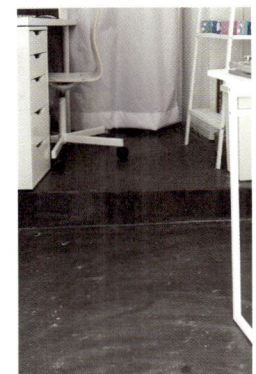

바닥 페인팅
자주 가는 페인트 사장님의 제안대로 시멘트에 소노크릿트(접착제 일종)을 섞어서 바르고 코팅제로 마감해서 에폭시 느낌이 나도록 했다. 바닥이 고르지 않아서 수평몰탈을 할 수 없었기 때문에 선택한 방법이었다.

SELF TILING & FLOORING
₩100,000

STEP 01

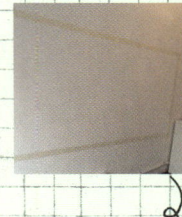

타일 붙일 부분에 맞춰 표시하기
수평자로 수평을 맞추고 마스킹테이프로 타일 붙일 부분을 벽에 표시한다.

STEP 02

타일 붙인 후 백 시멘트로 마무리
타일 접착제를 바르고 꼼꼼하게 붙인 다음 백 시멘트를 바르고 닦는다.

STEP 03

타일 위 선반 설치
선반 설치할 부분을 드릴로 뚫은 후 앙카볼트를 끼우고 고정대를 설치한 후 선반을 단다.

STEP 04

시멘트와 소노크릿트 섞기
시멘트와 접착제인 소노크릿트를 잘 섞는다.

STEP 05

페인트칠하듯 바르기
잘 섞은 다음 페인트칠하듯 2번 정도 골고루 바르고 마르면 코팅제로 마무리한다.

사람들과 소통하는 다목적
디자인 공간
4평

> MINI INFO

작업실 명 미술관 옆 작업실
오너 디자이너 김소연
컨셉트 디자인 작업실 + 숍
규모 4평
위치 서울시 종로구 옥인동 171-1
문의 070-7527-0107

HER Workroom IS...

"작업실이자 갤러리, 소품 숍, 문방구, 그리고 가끔은 다방이 되는 재미난 곳이에요. 인테리어, 문구, 소품 디자인을 주로 하는 작업실이지만 한 가지만 정해 두지 않고 하고 싶은 작업을 모두 하지요. 그러다 손님이 오면 세상사는 이야기도 하고 문구류나 소품도 팔고, 여행을 다니면서 직접 찍은 사진들로 전시도 해요. 작년 여름에는 음료를 팔기도 했지요. 사람들과 만나고 이야기하는 것을 좋아해 작업실을 오픈하고 그들과 소통하는 여러 방법들을 찾은 거죠."

  **DAILY SCHEDULE**

아침 언젠가	작업실 오픈
13:00 ~ 18:00	디자인 작업, 숍 운영
18:00 ~ 마감(저녁 언제쯤)	작업실 정리, 후반 디자인 작업 등

HER Opening Story IS...

▷ **인테리어 디자이너의 오랜 꿈**

대학에서 주거환경학을 전공하고 무려 10년 동안 인테리어 디자이너로 눈코 뜰 새 없는 생활을 했다. 1년간의 회사 생활을 마치고 프리랜서로 독립한 후에도 매일 인테리어 현장에 머물렀다. 그만큼 인테리어 디자이너로서의 생활과 생동감 있고 사람 사는 냄새 나는 현장이 좋았다. 하지만 밤새는 일도 다반사인 데다 불규칙한 식사에, 여유로운 시간을 누릴 수 없었기에 점점 지쳐갔고 혼자 작업실을 하며 좋아하는 일을 하고 싶다는 생각이 강해졌다. 서촌에 놀러 갔다가 우연히 지금의 작업실 공간을 보는 순간, 그동안 꿈꿔왔던 삶을 이룰 기회가 왔음을 직감했다. 서촌의 고즈넉한 골목 끝자락에 있는 것도, 한옥 지붕인 것도, 햇살이 환하게 들어오는 것도 너무 마음에 들었다.

▷ **미술관 옆 한옥 작업실**

김소연 씨의 작업실은 서촌 '박노수 미술관' 옆에 있다. 처음 작업실 공사를 할 때 박노수 미술관도 한창 공사 중이었는데 그걸 보고 반짝이는 아이디어가 떠올랐다. 좋아하던 영화의 제목에서 따와 작업실 이름은 '미술관 옆 작업실'로 정했다. 그러면서 손수 페인트칠을 하고 원목 목재를 사다 테이블이며, 선반이며, 수납장도 직접 만들었다. 공사는 더디게 진행되었지만 자신의 작업실, 하고 싶었던 인테리어를 마음껏 할 수 있다는 생각에 매 순간이 즐겁고 행복했다.

▷ **마을버스 종점, 고즈넉한 골목 끝자락**

작업실을 처음 구할 때만 해도 서촌은 그리 번화하지 않았다. 작업실이 있는 골목에는 오래된 슈퍼와 세탁소, 그리고 작은 공방이 드문드문 있었을 뿐 사람들의 왕래도 많지 않았다. 좁은 골목길을 따라 마을버스가 느리게 지나가는 그런 곳이었다. 한적한 주택가의 풍경에 작업실에서 일하는 시간이 마치 휴가를 보내

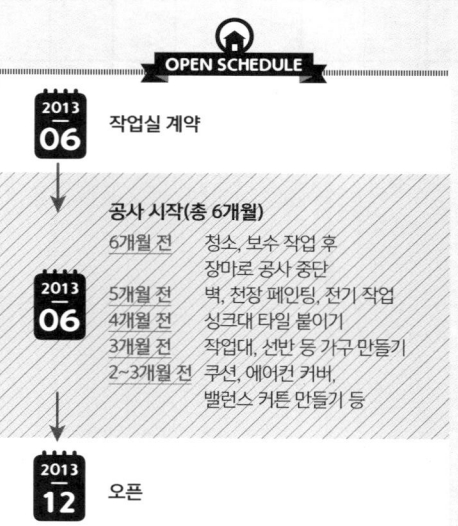

OPEN SCHEDULE

| 2013 06 | 작업실 계약 |

공사 시작(총 6개월)
- 6개월 전: 청소, 보수 작업 후 장마로 공사 중단
- 2013 06
- 5개월 전: 벽, 천장 페인팅, 전기 작업
- 4개월 전: 싱크대 타일 붙이기
- 3개월 전: 작업대, 선반 등 가구 만들기
- 2~3개월 전: 쿠션, 에어컨 커버, 밸런스 커튼 만들기 등

2013 12 오픈

몽키 미숫가루 음료를 담아서 판매했던 마이 드링크 병. 병만 따로 판매한다.

유럽 여행에서 찍은 사진을 흑백으로 인화해 엽서로 판매한다. 사진은 파리 에펠탑.

흑백의 모노톤 문구류는 심플하면서도 세련된 디자인으로 인기가 많다.

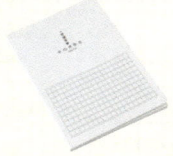
직접 디자인한 그림 일기장. 예전 원고지를 연상시키는 독특한 디자인이다.

'좋아해' 등 좋아하는 말들을 불도장으로 새겨 넣은 마음 한 조각 메시지 블록.

아기자기한 소품들을 좋아해서 쇼룸에는 깜찍한 인형이나 레고 블록 등을 올려 둔다.

는 듯한 기분이 들곤 했다. 하지만 서촌이 사람들에게 많이 알려지고 관광객들이 늘어나면서 그녀의 작업실을 찾는 사람들도 많아졌다. 처음엔 다들 카페인 줄 알고 문을 두드린다. 작년 여름에는 '몽키 미숫가루'라는 음료를 팔아 선풍적인 인기를 끌기도 했다. 작업실도 많이 알려지고 음료도 인기였지만 지금은 더 이상 음료 판매는 하지 않는다.

▶ **작업실, 문방구, 갤러리, 그리고 소품 숍**

작업실 겸 쇼룸, 재미난 문방구, 소품 숍이자 작업실 한쪽 벽은 갤러리로도 활용한다. 서른이 되기 전 100일 동안 다녀온 유럽 여행에서 찍은 100장의 사진들을 전시하고 있다. 이 사진들은 엽서로 판매되기도 하는데 감성적인 그녀의 사진은 마니아가 있을 정도로 인기가 아주 많다. 작업실이라고 하기엔 시끌벅적한 공간이지만 사람들과 소통할 수 있어 만족한다. 문구를 사러 온 학생과 무심히 말을 나누다 진로를 상담해 주기도 하고, 나이 지긋한 아주머니와 앉아 차 한잔하며 세상 사는 이야기를 나누기도 한다. 그렇게 사람들과 소통하고 작업하는 지금이 아주 행복하다.

HER Space IS...

작업 공간과 쇼룸 공간을 완벽하게 분리
개인 작업뿐 아니라 제품 판매도 함께하다 보니 공간 분리가 관건이었다. 개인 작업 공간에 손님들이 들어와 판매하지 않는 개인 소장품까지 만지는 경우가 잦아졌기 때문. 그래서 안쪽 공간에 있던 작업대를 작업실 중앙에 두고 입구 쪽으로 바라볼 수 있게 배치해 공간을 분리했다. 숍의 기능을 살리기 위해 입구 쪽에 6단 선반장을 두어 다양한 제품을 디스플레이했다.

1
코너에 소파를 놓아 담소 공간으로
하루 종일 딱딱한 의자에 앉아 작업을 하다보면 허리가 아프고 불편해질 때가 많다. 이럴 때 잠시 휴식을 취하기 좋도록 미니 소파를 코너 공간에 두었다. 작은 테이블도 함께 두어 손님이 왔을 때 미팅 장소로도 활용한다.

2
공간 활용도를 높여주는 키 큰 선반장
입구 쪽 쇼룸 공간에는 키 큰 선반장을 두었는데, 좁은 공간을 효율적으로 사용하기 좋고 판매용 물건뿐만 아니라 수납 박스까지 넣어 둘 수 있어 편리하다. 작업실 메인 컬러인 화이트로 선택해 통일성을 주었다.

3
입구 쪽 벽면은 미니 갤러리로
비어 있는 벽면을 갤러리로 활용했다. 입구 오른쪽 벽면이라 시선을 잡기에도 효과적. 페인트칠한 삼나무 원목에 여행 중 찍은 사진을 붙였다.

4
데드 스페이스 살리기
창문 위 공간은 그냥 두면 아무런 쓸모가 없지만 선반을 달고 그 위에 소품을 올려 두면 훌륭한 디스플레이 공간이 된다.

5
학교 책상과 선반으로 만든 쇼룸
학교 책상과 의자를 재활용해 특별한 쇼룸 공간을 만들었다. 학교 책상 위에는 인조 퍼 원단을 깔고 그 위에 다양한 제품을 세팅했다.

Owner's Pick-up!

SPECIAL SPACE

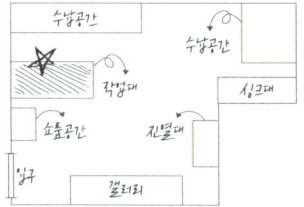

사람들과 마주하는 작업 공간
사람들과 어울리고 얘기하는 것을 좋아하는 그녀답게 작업 공간도 구석이나 벽면에 두지 않고 입구를 바라보는 위치로 배치했다. 작업 공간과 쇼룸 공간을 구분하면서도 사람들과 계속 소통하겠다는 그녀의 의지가 느껴진다. 개인 작업을 하다가도 손님이 오면 잠시 일을 멈추고 담소를 나누고 맛있는 차를 내놓기도 한다.

HER Self-interior IS...

모던하고 깔끔한 블랙&화이트 스페이스

처음 작업실 인테리어를 생각했을 때에는 영화 '하와이언 레시피'에 나오는 그런 이미지를 떠올렸다. 포근하고 감성적이면서도 따스한 빈티지 인테리어로 꾸미고 싶었다. 하지만 직접 디자인한 문구 콘셉트를 블랙&화이트로 정하면서 작업실 인테리어도 자연스럽게 빈티지에서 심플 모던 스타일로 바뀌었다. 벽은 화이트로 페인팅하고 가구나 소품은 화이트와 블랙이 섞인 것으로 매치했다. 작업대와 선반은 친환경 삼나무 원목을 구해 와 사포질을 하고 페인트를 꼼꼼하게 발라 직접 만들었다.

₩ TOTAL COST

공사비	총 금액 약 700만원
▶ **내장 공사비**	천장, 벽 페인트 약 25만원, 조명 약 35만원, 삼나무 원목 약 80만원, 바닥, 새시, 패브릭, 수납 등 기타 560만원
가구 구입비	약 30만원
용도 변경비	약 200만원(주택▶판매업)

Styling tip

패브릭 커버
오래된 옛날 집이라 천장도 매끄럽지 않고 전선도 많아 복잡해 보였다. 그래서 패브릭에 문구를 넣은 후 천장에 고정시켜 커버했다. 원단만 구입해 직접 재봉틀로 바느질해 만들었다.

모노톤 소품 장식
입구 왼쪽 전면 벽에는 찬넬 선반이 설치되어 있다. 전 주인이 설치했던 것으로 페인팅만 새로 해서 재활용했다. 선반 위에는 아기자기한 소품과 모노톤의 문구류, 그림 액자를 올려 두었다.

시멘트 벽돌 선반장
저렴한 시멘트 벽돌과 목재 상판으로 선반장을 만들었다. 시멘트 벽돌은 울퉁불퉁하고 구멍이 많아서 페인트가 잘 묻지 않기 때문에 여러 번 덧발랐다.

간판 대신 현수막
비용 절감을 위해 간판 대신 창문에 레터링으로 작업실 이름을 붙이고 대신 작업실 바깥 벽면에 대형 현수막을 달았다. 비용도 저렴하지만 색다른 인테리어 효과를 준다.

SELF-PAINTING ₩250,000

STEP 01

벽 청소 후 페인트칠하기
벽에 페인트를 바를 때에는 먼지나 오염물을 모두 닦아내는 게 좋다. 그래야 깔끔하고 고르게 발린다.

STEP 02

갤러리 공간에 블랙 페인팅
입구 오른쪽 벽은 갤러리 공간으로 활용하기 위해 따로 삼나무 원목에 블랙 페인트를 칠했다.

STEP 03

시멘트 벽돌은 여러 번 반복해서 바르기
시멘트 벽돌에 바를 때에는 전체적으로 한 번 바른 다음에 구멍 부분을 메우는 느낌으로 덧바른다.

STEP 04

페인팅 후 말리고 덧바르기
가구에 페인팅을 할 때는 납작붓으로 바른 후 완전히 말리고 다시 덧바른다. 바니시를 발라 마무리.

내 손으로 만드는 즐거움

실버 액세서리 공방

4평

MINI INFO
- 작업실 명: SILVER KIT HOUSE(실버킷하우스)
- 오너: 금속공예가 이성철
- 컨셉트: 실버 메탈 액세서리 작업실 + 레슨실
- 규모: 4평
- 보증금: 500만원 **임대료** 월 25만원
- 위치: 서울시 용산구 용산동2가 1-452
- 문의: 070-7623-4758

HIS Workroom IS...

"금속공예가, 주얼리 디자이너가 모여 작품 활동을 하는 작업실이자 레슨실이에요. 화려하고 번쩍이는 스타일보다는 다듬어지지 않은 듯 거칠지만 편안한 스타일을 주로 만들어요. 마감이 덜 된 러프한 느낌을 좋아하거든요. 액세서리를 만들어서 판매하는 숍이 아니라 실버 액세서리를 직접 만들고 싶어 하는 사람들과 만나고 소통하는 공간이지요. 서로 좋아하는 부분이 같으니 수강생들과의 수업은 늘 즐겁고 흥미로워요."

DAILY SCHEDULE

10:00	청소, 레슨 준비
11:00	작업실 오픈, 오전 레슨 시작
14:00 ~ 20:00	오후 레슨(비는 시간 개인 작업)
20:00 ~ 마감	개인 작업

*금속공예 레슨 수강생과 협의해 시간 조절

HIS Opening Story IS...

▶ **일본 유학 대신 작업실**

이성철 씨는 금속공예가로서의 멋진 삶을 꿈꿨다. 졸업 후 다니던 주얼리 회사도 그만두고 일본 유학을 결심한 것도 그런 이유. 유학 준비를 위해 일본으로 건너가 관련 정보를 모으며 나름 열심히 준비했지만 현실은 녹록치 않았다. 오랜 고민 끝에 유학 준비를 접고 다시 귀국을 했다. 유학보다는 개인 작업실을 마련해 작품 활동을 열심히 할 생각에서였다. 마침 작업실을 필요로 하는 후배들을 만나면서 개인 작업실에서 금속공예가와 주얼리 디자이너 몇몇이 함께하는 공동 작업실이 만들어졌다.

▶ **사람 사는 재미가 물씬, 여기는 해방촌**

그의 작업실은 해방촌에 있다. 이태원과 가깝고, 언덕을 올라가야 나오는 해방촌의 묘한 정겨움이 마음에 쏙 들었다. 처음엔 공예가가 많다는 북촌과 경복궁 주변, 그리고 번화한 이태원까지 작업실을 찾아다녔지만 오래된 동네 분위기와 이곳 사람들의 활기찬 모습에 이끌려 해방촌에 정착하기로 결심했다. 물론 해방촌에서 먼저 사무실을 낸 친구의 영향도 컸다. 친구와도 함께 할 수 있다는 것은 뜻밖의 안정감이 느껴져 편했기 때문이다.

▶ **서울 한복판, 옛날 대장간을 그리다**

평소 자신의 작업실이 옛날 대장간 같았으면 좋겠다는 생각을 했다. 상 남자의 분위기가 물씬 나는 힘찬 망치 소리와 거친 도구들이 흩어져 있는 공간을 꿈꿨다. 하지만 동네 분위기에 미칠 영향도 신경이 쓰였고, 레슨을 하기에는 적합하지 않을 듯해 심플하지만 빈티지하고, 아늑하면서 편안함이 느껴지는 공간을 만들

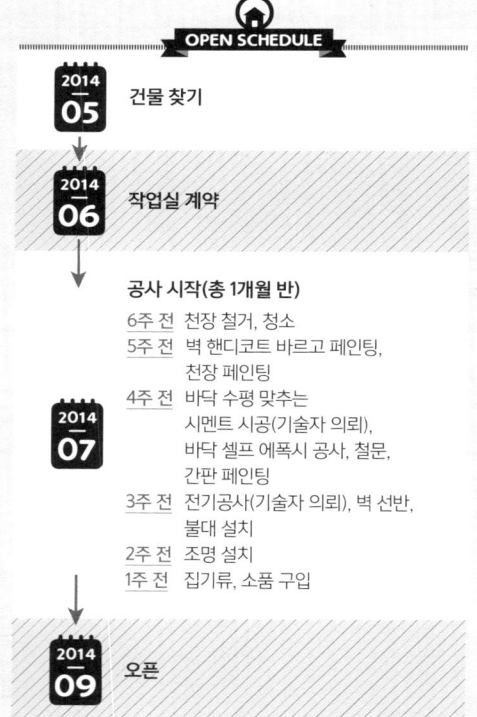

액세서리를 만드는 은 재료들. 작은 용기에 보관하고 작업하다 떨어지는 것들도 모은다.

실버 키트 하우스에서 작업 하는 후배 주얼리 디자이너의 액세서리 작품들.

금속공예에서 자주 쓰는 우레탄, 버림, 우드 망치. 주로 다듬을 때 필요한 도구들이다.

빈티지 소품을 좋아하는 그의 애장품 앤티크 카메라. 이태원 앤티크 숍에서 구입.

실버 액세서리를 만들 때 사용 하는 줄과 정. 디테일한 작업을 요할 때 주로 사용한다.

반지 치수를 재는 데 사용 하는 링. 다양한 사이즈가 있어 치수 재기에 편리하다.

핸드메이드 주얼리를 만드는 데는 펜치 등 다양한 도구들이 필요하다.

심플한 실버 팔찌는 남녀에게 모두 인기 있는 디자인. 깔끔한 멋이 살아 있다.

기로 했다. 작은 공간이지만 레슨을 받는 시간 만큼은 마음껏 수업에 집중할 수 있는 분위기를 위해 작업대 외에는 가구도 들이지 않았다.

▶ **작가와 학생이 공존하는 곳**
개인 작업실이지만 이곳엔 그 외에 몇 명의 작가들이 함께 한다. 창작의 공간이 필요한 후배 작가들에게 공간을 나눠주고 싶은 마음에 과감하게 오픈한 것이다. 금속공예를 배우고 싶어 하는 이들에게도 활짝 열려 있다. DIY가 유행하면서 공방을 찾는 사람들이 많아졌지만 아직도 금속공예라 하면 부담스러워하는 사람들이 많은 것이 안타까웠기 때문이다. 그런 까닭에 누구든 금속공예를 배우러 오면 개인 작업시간을 빼서라도 수업을 진행한다. 그의 작업실이 사람들로 북적이는 이유다.

HIS Space IS...

레슨과 작업을 동시에 하기 좋은 배치

작업실에는 모두 3개의 작업대가 있다. 두 개는 개인 작업용이고, 다른 하나는 레슨을 겸하는 공동 작업대이다. 개인 작업대는 벽 쪽으로 배치했고, 공동 작업대는 중앙에 두었다. 불대는 위험한 작업 공간인 만큼 벽 쪽으로 두었고, 손 씻기 좋도록 세면대도 직접 설치했다. 좁은 공간이지만 레슨이 쉴 새 없이 이루어지기 때문에 무엇보다 수업하기에 좋도록 배치에 신경 썼다.

1
같은 디자인의 작업대로 통일감 있게
벽 쪽으로 놓은 작업대는 같은 디자인으로 골랐다. 작업실이 좁은 만큼 통일감을 주기 위해서다. 작업대 위에 놓은 소품들도 비슷하거나 같은 것들로 매치해 안정감을 준다.

2
벽돌을 쌓아 만든 불대
불 작업을 할 때 꼭 필요한 불대도 시멘트 벽돌을 쌓아 직접 만들었다. 윗부분에는 작업을 할 수 있게 평평하게 하고, 아랫부분은 수납공간으로 만들었다. 모두 화이트 컬러로 통일.

3
비어 있는 벽면에 칠판 보드
메모나 수강생들이 알고 있어야 할 공지사항 등을 적어 두는 칠판 보드를 한쪽 벽면에 마련했다. 합판에 칠판 페인트를 칠한 것.

4
선반 위치는 높게
벽 선반은 높게 달아서 시선을 위로 향하게 했다. 좁은 공간에서는 시선을 분산시키면 넓어 보이는 효과가 있다. 조명도 선반을 비추게 해 아늑함을 준다.

5
자주 쓰는 도구는 벽 수납
중앙 작업대 옆 벽에는 큰 작업도구 수납대를 설치했다. 레슨을 할 때 수시로 꺼내 쓰기 좋고, 도구를 직접 사지 못하는 수강생들이 쉽게 사용하기 위함이다.

 Owner's Pick-up!

SPECIAL SPACE

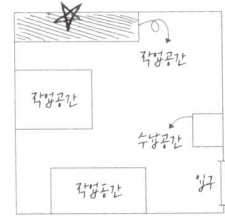

집중도를 높여 주는 벽면 코너 작업대
개인 작업을 할 때는 벽면 코너 옆에 있는 작업대를 주로 활용한다. 작업대 옆이 바로 벽이라 안정감과 아늑함이 느껴지기 때문에 혼자 작업을 하기에 좋다. 예쁜 생화 장식이나 자주 쓰는 문구류를 작업대 위에 올려놓기도 한다.

HIS Self-interior IS...

오래된 멋, 심플 빈티지 스타일

편안하고 오래된 것을 좋아하는 그답게 작업실 인테리어도 빈티지하다. 작업실 중앙에 있는 작업대도 오래된 중고 제품을 구입해 다듬고 새로 페인트를 칠해서 사용하고 있다. 한눈에 봐도 거쳐 간 주인이 많았음을 짐작할 수 있다. 사용하는 도구들도 그간의 작업 양을 보여 주듯 손 때 묻은 것들이 대부분이다. 작업실 한쪽에 있는 세면대는 직접 구매해서 수도관과 연결해서 설치하고 선반도 목공소에서 사와서 달았다. 작업실 철문도 직접 페인트로 칠하고 외부 간판은 이전 주인이 설치한 것을 재활용해 페인팅만 새로 했다.

₩ TOTAL COST

공사비	총 금액 약 150만원
▶ 내장 공사비	공사비 바닥 시멘트 공사, 에폭시 작업 약 60만원, 전기공사 약 40만원, 페인트 약 10만원, 조명 약 40만원
가전 구입비	에어컨 40만원
작업대, 세면기 구입비	약 85만원

Styling tip

블랙 컬러의 조명
작업실 천장 조명은 블랙 컬러의 펜던트 스타일. 안정감을 주고자 블랙 컬러로 선택했다. 선반은 을지로 목공소에서 직접 구입해 블랙 컬러로 페인팅을 했다.

모노톤 소품 매치
벽에는 핸디코트를 발랐다. 헤라를 전체에 바른 다음 화이트 컬러 페인트를 한 번 더 칠했다. 그리고 작은 선반을 달고 블랙과 화이트, 뉴트럴 톤의 소품을 매치했다.

리폼 작업대
오래된 고가구 느낌의 작업대는 시장에서 중고로 구입해 직접 닦아 내고 사포질 한 후, 새로 페인팅 한 것. 의자도 빈티지한 나무 의자를 두어 조화를 이루도록 했다. 오래된 손때 묻은 가구들은 편안함을 느끼게 한다.

SELF HANDY COAT & PAINTING ₩100,000

STEP 01

벽 청소하기
핸디코트를 바르기 전 벽에 붙은 먼지나 더러움을 제거한다.

STEP 02

핸디코트 주걱으로 여러 번 덧바르기
주걱에 핸디코트를 묻혀 벽에 바르는데 얇게 바르면 깨질 수도 있기 때문에 두껍게 바른다.

STEP 03

페인트칠할 철문 청소하기
입구 철문도 페인트를 칠하기 위해 수건으로 깨끗하게 먼지를 닦는다.

STEP 04

꼼꼼하게 페인트 칠하기
블랙톤이 강한 짙은 그레이 컬러 페인트를 브러시를 이용해 덧바른다.

5평

갤러리형 도예 작업실 <도화 김소영 도예 작업실>
꽃과 사람이 만나는 <VIVAVERDE>
동네 커피 공방 <CHAMP COFFEE>
동심 가득 그림책 세상 <책방 피노키오>

도자기 굽는 갤러리형
도예 작업실

5평

MINI INFO

작업실 명	도화 김소영 도예 작업실
오너	도예가 김소영
컨셉트	도예 작업실 + 레슨 + 갤러리
규모	5평
보증금	300만원 **임대료** 월 40만원
위치	서울시 관악구 봉천동 1559-22
문의	9second.co.kr, dohwagallery.com, 0505-333-3412

HER Workroom IS...

"도예와 사랑에 푹 빠진 여자의 작은 작업실이에요.
공방의 주력 아이템인 수제 도자기 카네이션 브로치뿐만 아니라
귀걸이, 목걸이, 반지 등의 액세서리, 그리고 수저받침, 스푼,
포크 등의 생활 아이템까지 손으로 만들어 구워 내는 곳이죠.
그리고 도예를 사랑하는 사람들에게 저만의 노하우를 알려 주는
레슨장이면서 손으로 빚은 작품들을 사람들에게 보여 주는
미니 갤러리이기도 해요."

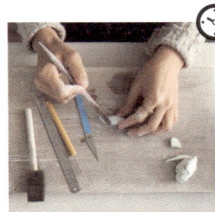

DAILY SCHEDULE

10:30	작업실 오픈
11:00	배송 체크, 컴퓨터 작업, 사진 작업
14:00 ~ 19:00	도예 작업, 홍보, 포스팅, 택배 작업
20:00 ~ 마감	도예 작업

HER Opening Story IS...

▶ **운명적인 흙과의 만남**

도예는 처음부터 도화 김소영 씨가 원하던 진로는 아니었다. 어쩔 수 없이 도예과로 가게 되면서 처음에는 흙과 전쟁 아닌 전쟁을 치뤘다. 흙이 싫어 던지기도 하고 울기도 하다가 점점 도예의 묘한 매력에 빠지게 된 케이스. 대학 생활 내내 자신만의 작품을 만드는 재미에 푹 빠졌지만 내내 앉아서 작업을 하다 보니 허리 통증에 따른 고질병이 생기고 건강에 적신호가 왔다. 어쩔 수 없이 도예를 접고, 해외 구매대행 쇼핑몰과 카페에서 일을 하면서 도예가라는 직업을 잠시 내려놓았다. 그러다 다시 도예가의 길을 걷게 된 건, 회사를 그만두고 순례길 여행을 준비하면서였다.

▶ **희망을 찾은 산티아고 여행**

평소에 파울로 코엘료의 '오자히르', '순례자'에 나오는 스페인 산티아고 순례길을 동경하던 차에 여행 기회가 오자 곧 산티아고 여행 계획을 세웠다. 하지만 여행 경비가 문제. 그녀는 다가오는 어버이날을 겨냥해 도자기 카네이션과 반려견 인식표 목걸이를 만들어 팔았다. 예상보다 반응이 좋아 여행 경비를 모을 수 있었고, 여행지인 산티아고의 상징인 조개껍데기 목걸이를 도자기로 만들어 여행을 떠났다. 여행지에서 외국인들이 자신의 도자기 조개껍데기 목걸이에 관심을 가지는 것을 보면서 한국의 도자기를 세계에 알리는 일을 해야겠다는 새로운 희망을 찾게 되었다.

▶ **다시 시작한 도예, 그리고 첫 작업실**

여행에서 돌아온 후, 그녀는 다시 도예가의 삶을 시작했다. 처음에는 지인의 작업실 공간에 얹혀 작업을 했는데, 작업양이 많아질수록 오롯이 혼자 작업할 수 있는 공간이 절실히 필요해졌다. 하지만 무일푼으로 시작한 터라 수중에 있는 돈이라고는 오로지 도자기를 판매

OPEN SCHEDULE

2012-05	건물 찾기, 작업실 계약
2012-05	공사 시작(총 1개월) 4주 전 기존 인테리어 철거, 바닥공사 3주 전 벽 페인트, 간판 주문 2주 전 가구, 가마, 필요 물품 구입 1주 전 실내 인테리어 스타일링, 작업실 세팅
2013-07	오픈
2014-07	리뉴얼 오픈

2015년 버전으로 새롭게 선보인 도자기 카네이션 브로치. 여러가지 컬러로 만날 수 있다.

마치 살아 있는 듯 한 움직임이 느껴지는 우주별 물고기 브로치. 은은한 컬러감이 특징.

우주의 별들을 보는 듯한 디자인의 우주별 수저받침. 선물용으로 인기가 많다.

모든 과정이 수작업으로 이루어진 도자기 향초. 자유로운 곡선과 신비로운 컬러감이 더해져 색다르다.

정교한 수작업으로 만든 도자기 물고기와 재밌는 모양의 도자기 자동차. 평범하지 않은 디자인이 멋스럽다.

신비로운 무늬가 환상적이고 매력적인 도자기 반지. 평범하지 않으면서도 독특한 스타일이다.

한 수익금이 전부. 무엇보다 저렴한 공간을 찾는 게 중요했다. 그렇게 얼마를 기다렸을까. 아담한 사이즈와 물을 사용할 수 있는 싱크대가 있는 지금의 작업실을 보고 곧장 계약을 했다. 작업실은 구했지만 당장 인테리어 비용이 부족했다. 여기서 다시 그녀의 손이 힘을 발한다. 자신의 힘만으로 작업실을 꾸미기로 마음먹고 바닥 장판부터 벽 페인트도 모두 혼자 힘으로 했다.

▶ 도화(陶花), 도자기 꽃을 피우다

그녀의 작업실은 '도화 김소영 도예 작업실'로 불린다. 굳이 작업실 이름에 자신의 이름을 넣은 것은 도예 작가로서의 자부심과 자신만의 도자기 카네이션 브로치에 남다른 애정을 가지고 있기 때문이었다. 처음 그녀의 작업실은 오로지 도예 작업만을 위한 공간이었다. 도자기 디자인을 구상하고 도자기를 굽고 채색하던 자신만을 위한 곳이었다. 하지만 요즘은 다른 사람들을 위한 공간으로도 선보이고 있다. 지난해 여름 작업실을 리뉴얼하고 새로운 분위기로 바꾼 것도 그 때문이다. 작품만을 만드는 곳이 아닌, 사람들이 도자기를 접할 수 있는 공간으로 바뀐 것이다.

HER Space IS...

5평 안… 갤러리와 작업실 그리고 쇼룸

그녀의 작업실은 특이한 구조다. 입구 왼쪽에는 작은 싱크대가 설치되어 있고 오른쪽은 별도의 방처럼 보이는 공간이 따로 있다. 이곳은 원래보다 약간 높게 시공이 되어 있어 독립적으로 보인다. 입구 정면 벽에는 큰 수납장을 넣어 작품을 전시해 두고, 중앙에는 큰 작업대를 놓아 수시로 작업하기에 좋도록 했다. 오른쪽 별도의 공간에는 수납과 전시를 함께하고 있다.

1
실용적인 싱크대와 입구에서 보이는 작품 진열대

이전부터 있던 싱크대를 굳이 철거하지 않은 건 손이나 붓, 도구들을 자주 씻기에 편리했고, 싱크대의 상부장과 하부장은 훌륭한 수납공간이 되었기 때문이었다. 심플하고 깔끔한 디자인도 작업실에 잘 어울렸다.

2
가구들은 벽 쪽으로 배치

작업실 안쪽 공간은 완전히 트여 있지 않아서 다소 좁아 보인다. 이를 보완하기 위해서 작품 진열대와 수납장 등을 벽 쪽으로 붙여 배치했다. 키가 낮은 가구들을 놓아 벽 공간을 전시 공간으로 활용하는 센스가 돋보인다.

3
좁은 공간은 ㄷ자형으로 넓혀 쓰기
좁은 공간을 효율적으로 쓰기 위해 그녀가 찾은 방법은 ㄷ자형 배치. 공간이 너무 좁아 보이지 않도록 가구를 ㄷ자형으로 배치했다.

4
통창으로 채광 효과
난방을 위해 막아 두었던 입구 쪽 창을 리뉴얼하면서 통창 그대로 드러냈다. 이전보다 채광이 좋아져 훨씬 밝아 보이고 깨끗해 보이는 효과가 있다.

5
창문 아래는 수납공간
쇼룸 안쪽으로 이어지는 벽면의 창문 자연광 그대로를 살리기 위해 창문은 막지 않고 그대로 살렸다. 키 낮은 수납장을 두어 수납공간으로 활용 중.

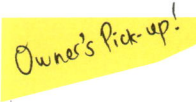

SPECIAL SPACE

 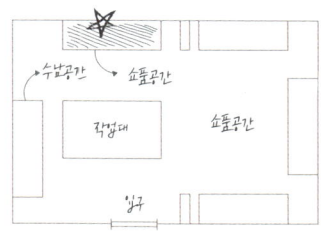

작업실의 지나온 흔적을 보여 주는 스페셜 코너
큰 선반장이 있는 입구 정면 벽은 특별히 그녀가 아끼는 공간이다. 도자기 카네이션을 처음 만들기 시작하면서 지금까지의 변화를 보여 주는 다양한 디자인뿐만 아니라 가장 아끼는 도자기 액세서리와 소품들을 전시해 두었기 때문이다. 작업을 하다가 하나하나 들여다보며 감상에 젖기도 한다.

HER Self-interior IS...

화이트 심플 갤러리

그녀의 작업실 첫 인테리어는 '따뜻하고 아늑한 작업실'이 콘셉트였다. 그래서 전체적으로 오렌지 컬러의 페인트를 칠했고, 작업실 가운데에는 커튼을 달아 아늑함을 주었다. 하지만 리뉴얼을 하면서 전혀 새로운 이미지로 변신했다. 작업실이지만 작업실 같지 않은 미니 갤러리가 그것. 전체 컬러는 화이트로 깔끔함을 강조하고, 작업실에 복잡하게 있던 작업도구와 물품, 도자기 재료들은 창고와 작업실 밖 수납공간으로 이동시켰다.

TOTAL COST

공사비	총 금액 약 115만원
▶ 외장 공사비	간판 시트지 약 5만원
▶ 내장 공사비	천장, 벽 페인트 약 20만원, 바닥 장판, 몰딩 약 30만원, 기타 60만원
상품 매입비	가마 150만원, 기타 물품 구입 약 40만원
가구 구입비	약 200만원

Styling tip

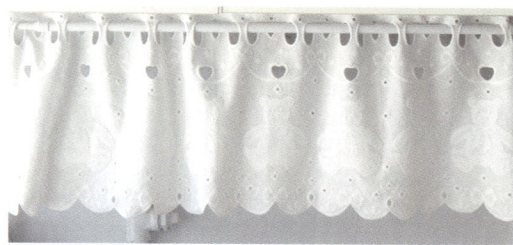

밸런스 커튼
오래된 싱크대의 수도관을 가리기 위한 노하우. 화이트 시트지를 수도관에 일일이 붙이고 싱크대 상부장 아래에 미니 커튼 봉을 달아 밸런스 커튼을 걸었다.

화이트 핸디코트
밝고 넓은 갤러리 이미지를 주기 위해 고른 것은 화이트 핸디코트. 울퉁불퉁한 기존 벽에 합판을 대고 그 위에 핸디코트를 발랐다. 벽 앞에는 카네이션 브로치 작품을 전시했다.

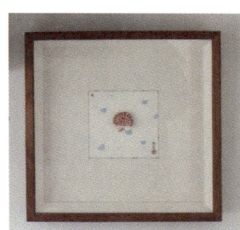

도자기 액자
이전에 초콜릿 공방이었던 터라 싱크대에는 가스레인지가 설치되어 있었다. 하지만 필요가 없어 떼어 내고 허전한 후드 아래 벽면에는 그녀의 작품인 도자기 카네이션 액자를 달았다.

셀프 페인팅
원래 싱크대 옆에는 안채로 통하는 작은 문이 있었다. 처음에는 나무 합판으로 가렸는데 리뉴얼하면서 합판을 떼고 새로 철제문을 달아 화이트 컬러로 페인트칠했다.

SELF SINK REFORM ₩30,000 이하

STEP 01

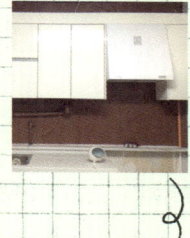

싱크대 컬러와 맞춰 벽 컬러 바꾸기
기존의 싱크대 벽은 브라운 컬러라 답답해 보여 컬러를 바꾸기로 했다.

STEP 02

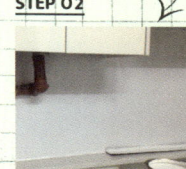

싱크대 벽 시트지 작업
기존에 있던 브라운 시트지 위에 화이트 시트지를 크기에 맞춰 자르고 꼼꼼하게 붙인다.

STEP 03

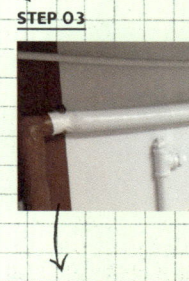

수도관에도 시트지 붙이기
밖으로 드러나 있는 수도관이 지저분해 보여 화이트 시트지를 잘라서 일일이 말듯 붙인다.

STEP 04

싱크대 위쪽 벽까지 시트지
싱크대 위쪽 벽면에도 화이트 컬러 시트지를 붙여 칙칙하고 낮은 느낌을 없앤다.

꽃과 사람을 만나는
플라워 작업실

5평

MINI INFO

작업실명	VIVAVERDE(비바베르데)
오너	플로리스트 진아미
컨셉트	플라워 작업실 + 레슨 + 숍
규모	5평
보증금	500만원 **임대료** 월 40만원
위치	서울시 용산구 우사단로 10길 95
문의	blog.naver.com/ami061 02-6743-1117

HER Workroom IS...

"꽃향기에 관한 모든 것이 있는 곳이에요. 생화부터 드라이플라워, 식물, 꽃향기가 있는 캔들, 방향제까지 다 있죠. 그리고 아기자기한 소품과 액세서리도 함께 있어요. 기분 좋아지는 꽃과 식물, 그리고 음악이 함께해 종일 작업실에 있어도 지치지 않죠. 꽃을 만나고, 꽃을 배우러 오는 사람들을 만나고, 꽃을 사랑하는 사람들을 만나는 제가 가장 사랑하는 작은 공간이랍니다."

DAILY SCHEDULE

8:00	월·수·금요일 고속터미널 꽃시장 방문
	화·목·토요일 방산시장(캔들, 방향제 구매)이나 남대문(액세서리 거래처) 방문
10:30	작업실 오픈
11:00	그날 사온 꽃 정리(가지치기, 꽃 다듬기, 물에 담아 놓기)나 소품 정리
12:00	레슨 준비, 주문 받은 꽃 만들기 및 배달
14:00 ~ 마감	꽃 작업, 캔들이나 방향제 만들기, 작업실 디스플레이 정리

*플라워 레슨 원데이 클래스(평일 수시로), 수요일 오후 7시, 토요일 오전 10시/오후 2시, 일요일 오전 11시

HER Opening Story IS...

▶ **두 번째 직업**

플로리스트는 전아미 씨의 두 번째 직업이다. 디자인과를 졸업하고 방송국 조연출을 할 때까지만 해도 플로리스트가 될지는 몰랐다. 영상디자인이 좋아 방송국에 입성했지만 생각만큼 만족스럽지 못했고, 스트레스 해소 겸 문화센터에서 플라워 레슨을 받은 인연으로 본격적으로 플라워 전문가 과정까지 이수하고 플로리스트 자격증을 땄다. 이후 작은 플라워 숍에서 일하면서 개인 홈페이지를 만들어 간간이 주문을 받기도 했다.

▶ **프리마켓에서 작업실까지**

작업실이 위치한 우사단길과의 인연은 흥미롭다. 친구의 제안으로 우사단길에서 열리는 프리마켓 '계단장'(3~11월 매달 마지막 주 토요일)에 참여했던 그녀는 카네이션 꽃다발을 완판하며 이름을 알리기 시작했다. 이어 우사단길에 게스트하우스를 오픈한 친구의 셀프 인테리어를 도우며, 근처에 작업실을 마련하기로 결심. 저렴한 임대료와 열린 마음의 사람들이 그녀의 결심을 도왔다. 자금이 넉넉하지 않았기에 인테리어부터 가구 조립까지 모든 것을 스스로 해결했다. 그동안 모은 돈에 맞춰 예산을 짰고 그에 따라 임대료, 철거 비용, 인테리어 비용, 재료 구입비를 결정했다.

▶ **콘셉트, 콘셉트, 콘셉트!**

단순히 꽃을 파는 곳과는 다르다. 물론 꽃이나 식물을 팔지만, 판매보다는 주문과 제작, 플라워 레슨에 보다 집중했다. 꽃과 사람을 만나는 공간이 그녀의 작업실 VIVAVERDE(비바베르데)다. 스페인어 'VIVA(만세)'와 'VERDE(녹색의)'의 합성어로, 밝고 희망찬 느낌이 좋아서 지었다. 사실 메인 스트리트에서도 떨어진 곳이라 플라워 숍으로 적당하지 않다는 사람도 있지만 조용한 분위기가 좋았고, 사람들에게 입소문을 타면 사람들이 일부러라도 찾아올 거라는 믿음이 있었다. 실제로 우사단길이 유명세를 타면서 그녀의 플라워 작업실에도 사람들의 발길이 많아졌다.

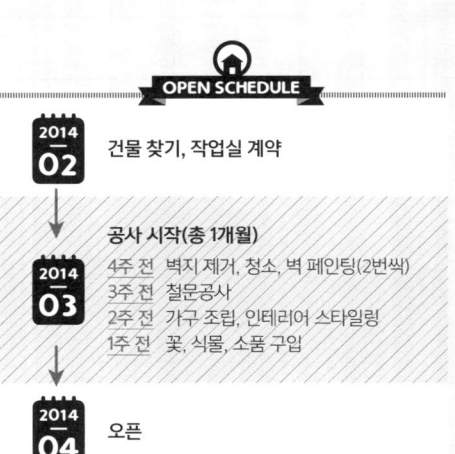

OPEN SCHEDULE

2014 / 02 건물 찾기, 작업실 계약

2014 / 03 공사 시작(총 1개월)
- 4주 전 벽지 제거, 청소, 벽 페인팅(2번씩)
- 3주 전 철문공사
- 2주 전 가구 조립, 인테리어 스타일링
- 1주 전 꽃, 식물, 소품 구입

2014 / 04 오픈

직접 만든 플라워 향초. 케이스부터 오일까지 직접 만든 수제품으로 로고 스티커로 장식했다.

앙증맞은 로봇 모양의 석고 방향제. 석고 방향제 역시 방산시장에서 직접 공수한 재료로 만든다.

화려하고 로맨틱한 케이스의 디퓨저. 오일별로 케이스를 달리한 게 포인트.

꽃과 함께 다양한 식물도 비바베르데의 자랑거리. 선인장 화분에도 그녀만의 감각을 담았다.

말린 꽃봉오리나 앵두 전구를 투병한 병에 담아만 두어도 훌륭한 인테리어 소품이 된다.

작은 컵에 오아시스를 넣고 작업하고 남은 꽃들로 새로운 플라워 소품을 만들었다.

지난 겨울에 선보인 니트 워머를 입은 향초. 작업실에서 판매하는 향초는 모두 직접 만든 수제품이다.

목화솜으로 만든 리스. 포근한 감성이 살아나 따스함을 전해 주는 스타일이다. 작업실 벽에 걸어 둔다.

꽃 도매 시장에서 구입해 온 꽃들은 그녀의 손길을 통해 한결 생생하게 살아난다.

▶ **동네 꽃집 vs 플라워 작업실**

그녀는 꽃을 좋아한다고 무턱대고 플라워 숍을 오픈하려는 건 반대한다. 동네 꽃집으로만 생각하면 수입이 넉넉하지 않을 수 있기 때문. 플라워 레슨이나 외부 매장 디스플레이 등 외부 일을 병행하는 것도 필요하다. 실제 작업실 유지는 꽃 판매부터 레슨, 외부 매장 디스플레이, 소품 판매 등으로 충당하고 있는 중. 그리고 겨울에는 레슨을 받으려는 사람도, 꽃을 주문하는 사람도 적기 때문에 이를 미리 고려해야 한다. 요즘은 같은 길에 플라워 숍에 여럿 생겨 긴장되지만, 그 또한 각자의 개성을 더욱 살리는 기회가 될 거라고 생각하고 차별화를 찾기 위해 노력 중이다.

HER Space IS...

벽면과 코너 공간을 적극 활용

꽃을 전시할 쇼룸 공간, 플라워 수업을 위한 레슨 공간, 개인적 사무 공간… 이 모든 걸 5평 작업실 안에 마련해야 했다. 그녀의 아이디어는 벽면과 코너 공간의 적극 활용! 우선 입구 쪽 통창과 그 왼쪽 코너 공간을 쇼룸 공간으로 활용했다. 입구 옆 오른쪽 벽면에는 다양한 리스를 걸어 장식 효과를 주고 왼쪽 벽면에는 수납장을 두어 자질구레한 재료나 소품들을 정리할 수 있도록 했다.

1
작업실 문 앞에도 초록 식물들로 싱그럽게

작업실 내부뿐만 아니라 문 바깥쪽에도 아기자기한 소품들과 초록 식물들로 분위기를 한층 싱그럽게 만들었다. 플라워 작업실만의 상큼함도 느낄 수 있고, 소품과 어우러진 분위기가 눈길을 끈다.

2
코지 공간은 플라워 쇼룸으로

작업실 콘셉트를 보여 주는 공간으로 통창 입구와 바로 옆 코너 공간을 활용했다. 2단 선반에 작은 식물과 아기자기한 소품들을 놓고, 바닥에는 큰 화분과 수중식물, 드라이플라워를 두었다.

3
벽에는 소품이나 리스
벽 전체에 선반을 빼곡하게 두면 답답해 보일 수 있어서 입구 오른쪽 벽은 선반 대신 리스나 소품을 벽에 그대로 걸어 두었다.

5
작업실 가벽은 커튼으로 대체
개인 사무를 보는 공간은 가장 안쪽에 배치하고 천장에 커튼 봉을 달아 커튼으로 분리시켰다. 자연스럽게 내부 공간을 가린다.

4
키 작은 수납장으로 넓어 보이게
좁은 공간에는 키 큰 수납장보다는 키 작은 수납장이 유용하다. 수납장 위에는 리빙 소품들을 진열해 부족한 디스플레이 공간으로 활용했다.

Owner's Pick-up!

SPECIAL SPACE

 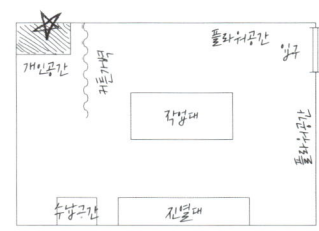

작업실 안쪽 콤팩트 미니 오피스
작업실 가장 안쪽 코너에 책상을 붙여 미니 오피스 공간을 마련했다. 책꽂이가 함께 있는 시스템 책상을 선택해 수납에 신경 썼다. 작업실 운영에 필요한 각종 서류나 영수증을 보관하는 수납장과 수납 바구니도 필수 소품. 레슨이나 작업을 끝낸 후 잠시 쉬기도 하고, 하루의 일과나 매출을 정리하는 그녀만의 특별한 미니 오피스다.

HER *Self-interior* IS...

북유럽 감성의 내추럴 심플 스타일

꽃을 다루는 작업인 만큼 자연을 사랑하는 북유럽의 인테리어 감성을 작업실에 담고자 했다. 다크한 컬러를 메인으로 정하고 원목 소재를 매치해 심플하고 세련미를 더했다. 벽은 다크 그레이와 화이트를 반반씩 페인팅하고, 천장을 화이트로 선택해 공간이 넓어 보이도록 했다. 해외 인테리어 블로그 등에서 얻은 북유럽 스타일 아이디어와 색감을 바탕으로, 어떤 한 가지 스타일을 고집하기보다는 북유럽 스타일에 아기자기한 느낌을 더해 스타일링했다.

 TOTAL COST

공사비	총 금액 약 140만원
▶ 외장 공사비	매장 철문 약 80만원
▶ 내장 공사비	천정, 벽 페인트 약 50만원, 조명 약 10만원
상품 매입비	약 50만원
가구, 인테리어 소품 비	약 60만원

Styling tip

DIY 반제품 수납장
작업실에 있는 가구들은 거의 다 반제품 가구들이다. 일본 빈티지 스타일의 수납장은 일본 사토 DIY 가구로 하나하나 조립해서 완성했다.

에디슨 전구
작업실에 아늑한 느낌을 주기 위해 고른 에디슨 전구. 을지로 조명상가에서 직접 구입해 지인에게 설치를 부탁했다. 전기세가 형광등보다 비싼 편이라 특별한 날이나 시간에만 켠다.

칠판 페인팅
원래 거울이 있던 자리에 칠판 페인팅을 해 간단한 메모나 좋은 글귀, 레슨 정보들을 적어 놓는다. 공간을 차지하지 않고 실용적으로 활용할 수 있다.

드라이플라워
직접 만든 드라이플라워. 벽이나 천정에 매달면 로맨틱한 느낌을 줄 수 있어 인테리어 소품으로도 그만이다. 석고 방향제나 캔들 제작 시 넣으면 꽃 향이 그대로 전해지는 듯한 느낌을 준다.

SELF PAINTING ₩500,000

STEP 01

기존 벽지 떼기
기존 벽지 제거 시 초벌 벽지까지 떼면 페인트칠이 어려워지므로, 초벌 벽지는 남기고 누런 벽지만 떼어 낸다.

STEP 02

페인트 컬러 정하기, 조색하기
던에드워드 매장에서 그레이, 화이트 컬러 페인트를 구입했다.

STEP 03

젯소 바르기
플라스틱 소재의 가벽 부분에 젯소를 꼼꼼하게 바른다.

STEP 04

본격적으로 페인트 바르기
젯소를 칠한 가벽에는 다크 그레이 컬러를, 오른쪽 벽에는 화이트 컬러 페인트를 바른다.

STEP 05

거울 부분에 칠판 페인트 바르기
오른쪽 벽 부분에 있던 거울은 칠판 페인트를 발라 간단한 메모를 적어 둘 수 있게 했다.

커피 향과 수다가 한가득
동네 커피 공방

5평

MINI INFO

작업실 명 CHAMP COFFEE(챔프커피)
오너 커피 로스터 하진우
컨셉트 커피 작업실 + 카페
규모 5평
위치 서울시 용산구 한남동 768-26
문의 www.champcoffee.com

HIS Workroom IS...

"서울이지만 서울 같지 않고, 조용하고 정겨운 시골 동네 같은 우사단길에 있는 카페 겸 커피 공방이에요. 처음엔 로스팅 작업만을 위한 공간이었는데, 한 분 두 분 챔프커피의 맛에 빠진 이들을 위해 카페를 함께 운영하게 되었지요. 하지만 단순히 커피를 파는 게 아니라 동네 사랑방 같은 곳이에요. 동네 주민은 물론, 우사단길을 찾는 사람들과 커피 한잔 하며 소소한 일상 이야기를 나누는 곳이죠."

 DAILY SCHEDULE

9:00	청소, 은행 업무
10:00	작업실 오픈
11:00	물 준비, 생두 고르기 작업
13:00 ~ 마감	생두 고르기 작업, 커피 추출

HIS Opening Story IS...

▷ **Champion, CHAMP COFFEE**

챔프커피는 사실 커피 로스팅을 위해 하진우 씨의 형님들이 마련한 작업실이었다. 카페 운영을 하던 두 형님이 로스팅 작업만 할 곳이 필요했고, 그러던 차에 우연히 우사단길에 작업실을 얻어 로스팅 작업실로 사용해 왔다. 지금 이곳을 지키는 그는 개인 사업을 하다 형님들의 권유로 커피 로스팅과 핸드드립 수업을 받으면서 커피 로스터가 되었다. 세 형제가 뭉치면서 비로소 'CHAMP COFFEE'라는 작업실 명처럼 '커피 챔피언'으로 보다 발전적인 행보가 시작되었다.

▷ **챔프커피 속 비슷한 듯 다른 세 남자**

우사단길에 있는 챔프커피에서만 작업을 하다 얼마 전 근처에 제2 작업실을 열었다. 좀 더 큰 공간과 공간이 필요해서였다. 그러면서 두 형님이 로스팅과 교육 등이 펼쳐지는 제 2작업실을 맡고, 우사단길 챔프커피는 막내인 그가 맡았다. 사람 만나기 좋아하고 이야기하기 좋아하는 그에게 작업실이 모여 있는 우사단길 챔프커피는 아주 잘 맞았다. 이곳에서 그는 주로 생두의 불순물을 고르는 핸디펑 작업을 하고 다양한 블랜딩으로 만들어진 커피를 내려 사람들에게 선보인다.

▷ **카페? 동네 사랑방!**

챔프커피에서도 커피를 판매하지만 일반 카페와는 다르다. 원래 커피 작업을 위한 만든 공간이었기에 커피 판매는 챔프커피를 좋아하는 이들을 위한 일종의 팬서비스다. 실내도 카페라기보다 동네 사랑방 같다. 흔한 카페 테이블도 의자도 제대로 없다. 대신 여럿이 앉을 만한 벤치가 있고 실내 한가운데 작업용 테이블이 있다. 게다가 동네 주민들이 아무렇지도 않게 문을 열고 들어와 커피를 마시고 한참 수다를 떨고 간다. 소소한 일상부터 동네 일까지 그들의 대화는 오랜 이웃들이 나눌 내용들이다. 카페 한쪽 벽에는 커피 값을 선납해 놓고

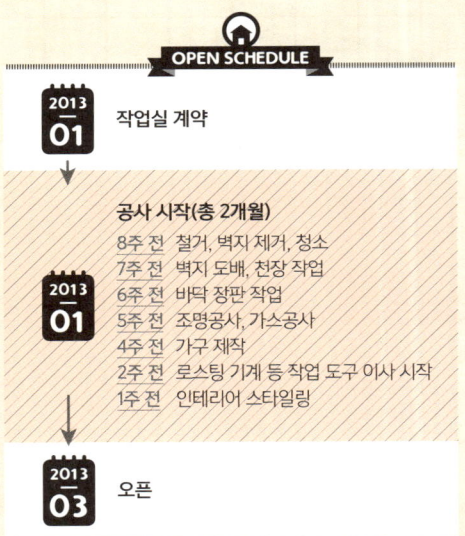

OPEN SCHEDULE

2013-01 작업실 계약

공사 시작(총 2개월)
8주 전 철거, 벽지 제거, 청소
7주 전 벽지 도배, 천장 작업
6주 전 바닥 장판 작업
5주 전 조명공사, 가스공사
4주 전 가구 제작
2주 전 로스팅 기계 등 작업 도구 이사 시작
1주 전 인테리어 스타일링

2013-03 오픈

챔프커피에서 직접 블랜딩해 판매하고 있는 다양한 종류의 원두커피.

작업실에서는 커피뿐만 아니라 자재 구입도 가능하다. 클래식한 디자인의 그라인더.

로스팅한 원두커피를 넣어서 선물하기 좋은 미니 사이즈의 오크통이 매우 깜찍하다.

단골 지인이 직접 그려 준 챔프커피 삼형제 시리즈 중 하진우 대표 팝아트 초상화.

챔프커피의 테이크아웃 용 커피 컵. 빈티지한 느낌의 스탬프 프린팅이 멋스럽다.

도자기 소재로 만들어진 드리퍼. 다소 무겁지만 깔끔하게 사용할 수 있다.

반전 매력의 홍차 티팟. 이국적인 디자인이 시선을 사로잡는다.

이웃인 플라워 작업실 '비바 베르데'에서 만들어 준 미니 선인장 화분.

간 동네 이웃들 명단이 가득하다. 커피를 주문할 때마다 돈을 내는 게 아니라 미리 얼마를 내고 커피를 마실 때마다 차감해 가는 식이다. 화이트보드에 이웃들의 이름이 빼곡히 적혀 있다.

▶ **이불가게, 동네 빵집, 그리고 커피 작업실**

우사단길 작업실은 겉에서 보면 오래된 동네의 방앗간 같기도 하고 작은 세탁소 같기도 하다. 초록색 차양, 노란색 평상을 보면 흔한 동네 상점이라도 생각하고 그냥 지나칠 듯싶다. 'CHAMP COFFEE'라는 로고를 보지 않으면 커피 작업실이라고는 예상하지 못할 정도다. 처음 작업실을 열었을 때부터 지금까지 외관을 이렇게 유지하는 이유는 오래된 동네에 대한 향수 때문이다. 세련되고 멋진 인테리어보다 그 동네에 가장 잘 어울리는 자연스러운 모습이 최고라는 생각. 그래서 이불 집에서 동네 빵집 등으로 이어 오던 예전 모습을 많이 버리지 않았다. 덕분에 왠지 더 정겹고, 발길이 한 번 더 머문다.

HIS Space IS...

둘러앉아 도란도란 얘기하기 좋은 공간

챔프커피는 중앙 작업대를 중심으로 ㄱ자 모양으로 의자가 있다. 중앙 작업대에서 핸디핑 작업을 하면서 손님들과 이야기하기 좋도록 배치한 것이다. 의자는 여러 명이 앉을 수 있는 벤치형 의자를 놓았다. 안쪽 코너에는 생두를 보관하는 큰 플라스틱 통을 두어 생두를 서늘하게 보관할 수 있도록 했다. 입구 오른쪽 안쪽은 커피를 뽑는 커피 머신과 그라인더 등을 놓았다.

1
입구 앞에는 블랜딩한 커피 전시

입구 바로 앞은 블랜딩한 다양한 커피의 전시 공간으로 이용한다. 진열대 바로 위쪽 벽에는 지인들에게 받은 예쁜 엽서나 그림 등을 붙여 두었다. 아래에는 생두를 보관하는 오크통을 둔다.

2
창가 코너에는 미니 정원

햇살이 잘 들어오는 창가 코너에는 미니 정원을 만들었다. 지인들이나 챔프커피를 찾는 손님들이 하나둘 선물한 것들을 모으다 보니 어느새 작은 정원이 될 정도다. 많이 자란 식물들은 직접 캔 화분을 구해 분갈이한다.

3
커피 머신은 입구를 보도록
입구에서 들어서면 정면으로 커피 추출용 머신이 보인다. 손님이 오면 바로 커피를 추출할 수 있도록 마주 보도록 배치했다.

4
입구 옆 창가 앞에는 카페 공간
통 창 앞에는 벤치형 의자 두 개를 이어 붙여서 여러 명이 동시에 앉을 수 있도록 했다. 창가에는 생두 보관용 오크통을 전시했다.

5
작업대 뒤편은 수납공간으로
작업대 뒤편은 4단 수납장을 두어 판매용 커피 도구나 인테리어 소품을 올려두는 수납공간으로 활용한다. 수납장 왼쪽으로는 생두 보관 통을 두었다.

Owner's Pick-up!

SPECIAL SPACE

 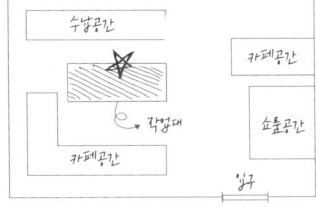

종일 커피와 함께하는 작업대
그의 주 업무는 생두를 고르는 핸디핑 작업. 작업대는 그가 하루 종일 시간을 보내는 주요 공간이다. 원두를 만드는 가장 첫 작업인 만큼 그 의미도 남다르다. 여기 작업대에서 핸디핑을 하면서 손님들과 담소를 나눈다.

HIS Self-interior IS...

이국적인 원두 포대와 예술적인 그림으로 포인트

작업실이자 카페이지만 근사한 인테리어는 하지 않았다. 작업실로 시작할 때부터 있던 가구를 대부분 지금까지도 사용하고, 손수 바른 벽지나 바닥 데코타일도 그대로다. 있는 그대로 편안한 스타일의 공간이지만 조금 특별해 보이는 인테리어 포인트는 이국적인 원두 포대. 지금은 구하기 힘든 경매용 원두 포대들을 벽에 걸어 두어 색다른 분위기를 낸다. 그리고 지인들이 직접 그려 준 그림들이 편안한 공간에 예술적인 느낌을 더한다.

TOTAL COST

공사비	총 약 100만원
➔ 내장 공사비	벽지, 바닥 장판 약 20만원, 전기공사 약 20만원, 가스공사 약 10만원, 천장 합판 작업 약 20만원, 기타 약 30만원
머신 구입비	약 600만원 이상

Styling tip

셀프 가구
지인들이 선물한 화분이 많아지자 화분 정리대가 필요했다. 원래 있던 나무 박스를 재활용해 정리대로 활용하기로 했다. 나무 박스 위에 원두 포대를 매트처럼 올리고 화분을 모아 놓았다.

친근한 외관
동네 골목 그대로, 작업실 외관도 특별한 인테리어를 하지 않았다. 입구 창에만 레터링을 더했다. 입구 새시도 교체하지 않고 그대로 사용하고 있고, 차양도 마찬가지다. 재미있는 문구의 입간판이 눈에 띈다.

원두 포대 활용
이국적인 그림과 글이 찍혀 있는 원두 포대는 그 자체를 걸어 두기만 해도 독특한 멋이 난다. 지금은 구하기 힘든 원두 포대들이라 더욱 의미가 크다. 원두 포대를 잘라서 커버용 커튼으로 사용하기도 한다.

다양한 그림 작품
큰 형님이 직접 그린 그림과 지인들이 그려 준 그림을 벽에 느낌 있게 붙여 두었다. 전문가 솜씨 못지 않은 형님의 그림은 그가 좋아하는 인테리어 소품 중 하나다. 작업실 벽면에 곳곳에 걸어 두어 전시하고 있다.

CLOSE-UP

TABLE REFORM
₩30,000 이하

STEP 01
타일 깨기
여러 가지 컬러의 타일을 망치 등을 이용해 적당한 크기로 깬다.

STEP 02
타일 접착제로 붙이기
테이블 위에 타일 접착제를 붙인 타일을 붙인다.

STEP 03
백 시멘트 바르기
타일 위에 백 시멘트를 넉넉하게 바르고 완전히 마를 때까지 기다린다.

STEP 04
투명 코팅제 바르기
백 시멘트가 다 마르고 나면 그 위에 투명 코팅제를 여러 번 바르고 말린다.

동심 가득한 옐로 스페이스
그림책 책방
5평

> MINI INFO

작업실 명 　책방 피노키오
오너 　　　북마스터 이희송
컨셉트 　　그림책 책방
규모 　　　5평
위치 　　　서울시 마포구 연남동 227-17
문의 　　　blog.naver.com/pinokiobooks
　　　　　070-4025-9186

HIS Workroom IS...

"아이들과 어른들이 함께 읽을 수 있는 그림책을 만날 수 있는 그림 책방이에요. 대형 서점에서 볼 수 있는 흔한 책이 아니라 국내에 소개되지 않은 외국의 그림 책, 그리고 국내 책 중에서도 독특한 개성이 있는 그런 책들을 주로 소개하지요. 어른들도 잠시 동심으로 돌아갈 수 있는 동네 작은 책방이랍니다. 길 가다 잠시 들러 쉬었다 가거나 좋아하는 그림책을 맘껏 보기 좋은 곳이기도 하지요. 세계 각국의 그림책들 중 보석 같은 멋진 책을 찾아 내는 일도 한답니다."

DAILY SCHEDULE

13:00	책방 오픈, 책 정리
14:00 ~ 20:00	책 판매, 해외 서적 자료 조사, 타 서점 방문 혹은 시장 조사
20:00	마감

HIS Opening Story IS...

▷ **피노의 '책방 피노키오'**
외국계 회사의 평범한 회사원이었던 이희송 씨는 책을 읽는 시간이 좋았고, 언젠가는 책방을 하고 싶다는 막연한 꿈을 가지고 있었다. 그러다 우연한 기회에 회사를 그만두고 오랜 꿈이었던 책방을 열어볼 결심을 하게 되었다. 그가 꿈꾸는 서점은 크고 멋들어진 그런 곳이 아닌 동네의 소박한 작은 책방. 동네 사람들이 오며가며 들러서 책을 보고, 그들과 이야기할 수 있는 공간으로 만들고 싶었다. 책방의 이름도 동화처럼 친근하게 붙이고 싶어 '책방 피노키오'라고 했다. 사실 이 이름은 그의 영어 이름인 '피노'의 영향도 컸다. 친구들이 책방 이름을 고민하는 그에게 "피노가 여는 책방이니 당연히 피노키오지"라고 말했는데, 그 순간 '피노키오다'라는 생각이 들었다.

▷ **그림책 파는 동네 책방**
평범하지만 평범하지 않은 그런 공간으로 만들고 싶었기에 아이부터 어른까지 누구나 부담 없이 즐겁게 볼 수 있는 그림책을 선택했다. 글보다 그림이 주는 메시지가 강하고, 외국어를 몰라도 그림만으로도 충분히 감동을 느낄 수 있기 때문. 대신 대형 서점이나 인터넷 서점에서 흔하게 살 수 있는 것이 아닌 국내에 소개 안 된 외국 출판사의 특별한 그림책을 소개하기로 했다. 직접 외국 출판사를 컨택해 책을 들여올 결심을 했지만 처음엔 어려움도 많았다. 소량으로 주문해야 하는 데다 아직 한국에서 이런 제안을 해 온 경우는 거의 없었기 때문이었다. 좋은 그림책을 찾아 일일이 출판사에 연락해 책을 주문하는 일은 더디고 쉽지 않은 일이었다.

▷ **동네 명소가 되다**
처음 책방을 시작하고 일주일은 손님이 한 명도 찾아오지 않을 때도 있었다. 그때의 연남동은 지금의 모습과는 아주 달랐다. 지금 책방의 옆옆 건물에 있었던 책방 피노키오의 초창

OPEN SCHEDULE

2014/02 책방 계약

계약 후 바로 공사 시작(총 1개월)
4주 전 천장 철거, 칸막이 철거
2014/02 3주 전 벽, 천장 페인팅, 바닥 몰탈, 에폭시 작업
2주 전 쓰던 책장 리폼해 선반 달기, 천장 고양이 타워 설치,
1주 전 조명 설치, 책 정리

2014/03 오픈

다양한 사람들의 모습을 담은 세계적인 일러스트레이터 Shaun Tan의 글자 없는 그림책.

일본 작가 작품인 'Little Tree' 그림책. 팝업북으로 펼치면 나무들이 살아 있듯 등장한다.

사랑스러운 그림체가 아이들에게 따스한 감성을 전해 준다. 프랑스 작가 Charlotte Frereau 작품.

인도에서 들여온 핸드메이드 그림책. 손으로 하나하나 만들어 작품성이 뛰어난 책이다.

이국적이면서도 색다르고 환상적인 그림체가 시선을 끄는 인도 핸드메이드 도서.

신비스러운 색감이 몽환적인 분위기를 주는 영국 작가 Robert Hunter의 작품.

기는 그저 동네사람들이 아주 가끔 들르는 곳이었다. 하지만 돌이켜 보면 그때가 아주 좋았다. 그림이 좋아 찾아오는 사람들과 오랜 시간 이야기를 해도 괜찮았고, 동네 사람과 평범한 일상을 이야기하며 차 한잔 할 수 있는 여유로움이 좋았다. 지금은 독립 책방으로, 평범하지 않은 그림 책방으로 소문이 나면서 그림을 좋아하는 사람들, 아티스트, 작가, 그리고 관광객이 넘쳐나 종종 이전의 여유로움이 그리워지곤 한다.

▶ **책방 + 갤러리**

처음부터 책방 안에 작은 갤러리를 함께 하기로 마음먹고 인테리어 때부터 책방 한쪽 벽을 갤러리 공간으로 비워 두었다. 지금도 한 달에 한두 번 정도 그림 전시가 꾸준하게 이어지고 있다. 주로 신진 작가들의 작품으로, 반응이 좋아 연말까지 예약이 꽉 찼을 정도다. 사람들에게 신진 작가의 작품을 볼 기회를 주고, 작가들에게는 전시 공간을 제공해 주면서 서로 소통할 공간을 마련해 주는 것이다.

HIS Self-interior IS...

천장을 높여서 공간을 넓어 보이게
점점 책이 많아지게 되면 좁고 답답해 보일 수 있어 대신 천장을 높이는 센스를 발휘했다. 천장의 석고보드를 떼어 노출 천장을 드러낸 다음 페인트로 마무리해 자연스러움을 강조했다. 그리고 자리를 많이 차지하는 책장 대신 선반을 달아 벽면의 빈 공간을 이용하고 많은 책을 수납할 수 있도록 했다. 보이지 않는 빈 공간에 수납공간을 마련한 것도 굿 아이디어.

1
공간별로 분류해 책 진열
좁은 공간에 많은 책을 진열하기 위해 공간별로 국가나 주제를 달리해 책을 정리했다. 입구 옆 벽면에는 4단 전면 책장을 두어 국내 그림책을 진열했다. 책장 높이를 낮춰 어린이들도 쉽게 책을 볼 수 있도록 했다.

2
의자 아래 빈 공간은 수납 용도로
책방 곳곳에 손님들이 앉을 수 있도록 긴 나무 의자를 만들었다. 의자 아래 빈 공간은 책들을 넣어 두는 수납공간으로 활용한다. 책이 꽂힌 모습이 자연스러워 보이도록 살짝 투명한 비닐만 덮어 놓았다.

3
천장을 높이고 캣 놀이터도 함께
캣타워를 따로 설치하려 했지만 장소가 좁아서 대신 천장을 활용했다. 석고보드를 떼고 합판으로 고양이들이 지나다닐 수 있는 놀이터를 만들었다.

4
소품으로 아기자기하게
책방에 책만 있으면 답답해 보이기 십상. 책상 옆 벽면에 직접 만든 미니 선반을 달고 책과 아기자기한 소품으로 장식했다.

5
한쪽 벽은 책 진열 선반으로 활용
가장 넓은 한쪽 벽은 메인 책 진열장으로 만들었는데 지루해 보이지 않도록 선반 배치에 신경을 썼다. 책 진열도 방법을 달리해 변화를 주었다.

Owner's Pick-up!

SPECIAL SPACE

 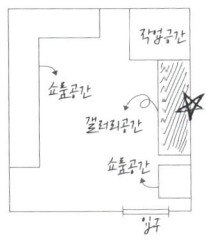

그림책과 예술작품이 어우러진 갤러리 벽면
그가 아끼는 공간 중 하나는 바로 그림을 전시하는 벽면이다. 예술작품과 그림책이 함께 있는 공간으로 만들고 싶어 만들었는데 실제로 손님들에게도 인기 만점이다. 더불어 인테리어 효과까지 굿! 사진의 그림은 일러스트레이터 oojoo의 작품들. 감각적인 컬러감이 색다른 작품을 선보인다.

HIS Self-interior IS...

동화 속으로 들어온 듯 재밌는 공간

옐로와 블루 컬러가 한눈에 들어오는 책방 피노키오는 연남동 동진시장 안쪽에 자리 잡고 있다. 밝고 경쾌한 컬러가 그림책과 잘 어울리고 주택가의 골목을 환하게 만들어주는 묘한 매력이 있는 곳이다. 책방 벽면도 온통 옐로 컬러인데 사실 가장 좋아하는 컬러이기도 하고 그림책을 돋보이게 하기 때문에 과감하게 선택했다. 책방 내부는 모두 리폼하거나 지인에게 선물 받은 소품으로 장식해 소박하면서도 정겹다.

 TOTAL COST

공사비	
	총 금액 약 100만원
▶ 외장 공사비	철문 페인트 약 2만원 (간판 : 아는 지인이 만들어 준 것)
▶ 내장 공사비	천장, 벽 페인트 약 30만원, 바닥 몰탈 에폭시 약 50만원, 기타 18만원

Styling tip

종이 박스 재활용
세일하는 책은 평범한 종이 박스에 담아 판매하는데 아무렇게나 쓴 듯한 할인판매 문구가 오히려 빈티지한 멋을 풍긴다. 이곳에서는 뭐든 재활용하는 것이 기본이다.

핸드메이드 알림판
피노키오 그림이 재미있게 그려진 핸드메이드 알림판은 단골손님이 직접 만들어 그에게 선물한 것. 동화 속 피노키오가 튀어나올 듯 생동감 넘친다.

옐로 컬러 페인팅
책방 전면 벽 부분과 갤러리를 위한 한쪽 벽은 옐로 컬러로 페인트를 칠했다. 문을 열고 들어서면 산뜻한 옐로 컬러가 눈에 띄면서 기분이 좋아진다.

리폼 선반
이전 책방에서 사용하던 책장을 모두 뜯어서 옐로 컬러 페인트를 칠한 후 선반으로 리폼했다. 선반을 달 목재는 재활용하고 고정대만 을지로에서 구입해 만들었다.

SELF SHELF REFORM
₩20,000 이하

STEP 01
기존 책장 분리하기
기존 책장에 박혀 있는 못을 모두 제거하면서 책장을 분리한다.

STEP 02
사포로 깔끔하게 다듬기
거칠어졌거나 흠집이 난 부분은 사포로 문질러 매끈하게 만든다.

STEP 03
페인트칠하기
분리한 목재에 옐로 컬러 페인트를 꼼꼼하게 바르고 바니시로 마무리한다.

STEP 04
벽에 고정대 달기
선반을 걸 수 있는 고정대를 벽에 먼저 달고 선반에 고정시킨다.

옥탑 방 디자이너 아지트 <Between Agit>
숲 속 컨테이너 사진관 <앤티크프레임>
은과 매듭으로 빚은 액세서리 공방 <이태원 작업실>
핸드메이드 식품 작업실 <IN SEASON>
향기 가득! 캔들 작업실 <COMFORT ZONE>
아트와 티셔츠의 만남 <aXT>

옥탑방 아지트

동갑내기 디자이너의

6평

MINI INFO

작업실 명 Between Agit(비트윈아지트)
컨셉트 오브제 작업실 + 포토 스튜디오 + 쇼룸
오너 디자이너 겸 공간 컨설턴트 임수영, 권연미
규모 6평
보증금 300만원 **임대료** 월 35만원
위치 서울시 용산구 한남동 684-40
문의 www.betweenagit.com

THEIR Workroom IS...

"자연을 소재로 한 인테리어 소품을 만들고 공간 연출 컨설팅과
콘셉트 사진 촬영도 하는 작업실 겸 사무실이지요.
'사이에'라는 뜻의 'Between'과 '비밀스런 공간'을 의미하는
'Agit'를 합쳐서 '공간 사이에 필요한 소품이나 스타일 등에 관한
일들이 이루어지는 곳'이라는 의미로 작업실 이름을 지었죠.
좋아하는 취향이 비슷한 동갑내기가 직접 꾸민,
열정 가득한 꿈을 펼치는 작은 공간이에요."

 DAILY SCHEDULE

10:00	작업실 오픈
11:00	온라인 스토어 관리(오브제 제작, 사진 촬영, 사무 업무)
13:00	시장 조사(남대문 · 동대문)
16:00	공간 연출 컨설팅, 소품 제작
18:00	콘셉트 사진 촬영 작업
22:00	마감

THEIR Opening Story IS...

▷ **동갑내기, 사업에 뛰어들다**
사진을 전공한 임수영 씨와 신문방송학을 전공한 권연미 씨는 졸업 후 취업한 패션 브랜드 회사에서 만난 사이다. 동갑내기로 입사한 시기도 비슷하고, 좋아하는 것도 비슷해서 회사를 다닐 때도 죽이 잘 맞았던 두 사람. 그로부터 3년 뒤, 두 사람은 함께 좋아하는 일을 하자며 과감하게 창업을 결심했다. 모던함과 단순함에 지루해 하고 무언가 색다른 것을 원하는 이들에게 독창적이고 즉흥적인 인테리어 소품이나 오브제 등을 제안해 보자는 생각이었다. 인테리어에 관심 많고, 꾸미고 직접 만드는 걸 좋아했기에 즐겁게 일할 수 있어 더욱 좋았다.

▷ **오브제 숍, 스튜디오, 컨설팅 오피스**
창업 결심과 함께 바로 둘만의 작업실을 얻었다. 좋아하는 빈티지 스타일의 작업실로 꾸미고 작은 인테리어 소품들을 직접 만들기 시작했다. 사실 바로 제품을 판매하고 고객 컨설팅을 한 건 아니다. 작업실을 낸 후 석 달 정도는 준비 기간으로 삼고 꾸준하게 시장 조사를 하면서 인테리어 소품과 홈페이지를 제작하며 준비했다. 사업 콘셉트는 이 준비 기간을 통해 점차 완성해 갔다. 나무나 식물 등 자연적인 재료에서 만들 수 있는 오브제를 제작하고 사진 작업을 하면서 공간 연출 컨설팅과 스타일링까지 아우르는 복합적인 일을 하는 비트윈 아지트는 이렇게 탄생되었다.

▷ **자연과 버려지는 것들의 재탄생**
그녀들이 만드는 인테리어 소품은 매끈하게 마감되고 공장에서 찍어내듯 정형화된 것이 아니다. 길가에 버려진 나뭇가지, 나뭇잎, 의자, 창문 등을 주워 와 다듬고 칠해서 자신만의 스타일로 재가공한다. 낡은 의자와 창문은 멋들어진 빈티지 가구로 다시 태어나고, 살짝 다듬어진 나뭇가지는 멋진 오브제가 된다. 직접 제

OPEN SCHEDULE

2014-12 작업실 계약, 이사

2014-12 공사 시작(총 2주)
14일 전 청소, 페인트, 데코타일 구입
10일 전 벽, 천장 페인팅
7일 전   바닥 데코타일 깔기
5일 전   조명 구입과 설치, 인테리어 스타일링

2014-12 가오픈

2015-04 정식 오픈 예정

깃털을 직접 찍은 후 약간의 보정 작업만 거쳐 그대로 실사로 표현한 패브릭 쿠션.

불가사리의 디테일이 그대로 살아 있는 쿠션. 살짝 블루 빛이 감도는 원단으로 제작했다.

다듬어지지 않은 매력이 돋보이는 올리브 나무 도마. 나뭇결이 그대로 살아 있다.

나무 밑둥을 잘라 바니시로 마감한 후 라메리 선인장 화분 받침으로 만들었다.

자연에서 그대로 얻은 것도 훌륭한 오브제가 된다. 시장에서 주워 온 신기한 모양의 돌 오브제.

떨어진 나뭇가지를 가져와 사포질을 한 다음 바니시를 발라 독특한 오브제로 만든다.

산뜻한 블루 컬러 병과 조화를 통해 청명한 느낌을 표현한 소품. 다양한 병 소품도 즐겨쓰는 소재다.

사과 모형에 블루 컬러로 페인팅해서 비트윈아지트만의 새로운 아이템으로 다시 만들었다.

패브릭 원단으로 만든 재밌는 모양의 오징어 인형. 실감 있게 표현한 오징어 모양이 이채롭다.

작하는 패브릭도 자연 소재를 표현하는데 사진을 찍어 실사로 패브릭에 인쇄한다. 새의 깃털이나 나뭇잎, 꽃, 돌 등이 주 소재가 된다.

▶ **옥탑방 새로운 아지트**

얼마 전 그녀들은 새로운 곳에 아지트를 마련했다. 한남동 T자 골목으로 유명한 주택가에 옥탑방 작업실 겸 사무실을 얻은 것. 일이 점점 늘어나면서 작업 분량도 많아지고 규모도 커지면서 바깥 공간이 필요하던 참에 조건에 딱 맞는 곳을 찾은 셈이다. 작은 공간이지만 파티 장소로 제공하거나 전시회를 여는 갤러리로도 활용하고, 다양한 아트 워크가 가능한 작업실로 선보일 계획이다.

THEIR Space IS...

멀티 플레이가 가능한 똑똑 공간 활용

6평 규모의 작업실 안에는 직접 만든 인테리어 소품과 오브제를 전시하는 쇼룸 공간과 개인 작업과 사무를 볼 수 있는 사무실, 포토 스튜디오, 빔 프로젝트로 영상을 볼 수 있게 한 미니 영화관까지 모두 갖춰져 있다. 작은 공간이지만 필요에 따라 공간을 나누고 쓸모 있게 활용한 덕이다. 보다 넓어 보일 수 있도록 큰 가구는 들이지 않고 소품을 적절하게 배치했다.

1
분리된 안쪽 공간은 미니 오피스

분리된 안쪽 방은 책상과 컴퓨터를 두고 오피스 공간으로 활용한다. 공간 분리가 되어 개인적인 업무나 작업을 하기에도 좋다. 화이트로 칠한 한쪽 벽에는 비트윈아지트를 대표하는 아로하 플라워 패브릭 러너를 멋스럽게 걸어 두었다.

2
미니 영화관으로 만든 입구 옆 벽

작업실 전체 공간을 모로코블루 컬러로 페인팅해 공간의 통일감을 주었다. 다만 입구 바로 오른쪽 벽은 화이트로 페인팅을 해 프로젝트 공간을 만들었다. 종종 패턴이 들어간 소품의 전시 공간으로도 사용된다.

3
창 아래에는 재료 수납공간으로
입구 왼쪽 벽 창가 아래에는 화분 위에 삼나무 원목 상판만 올려 미니 선반을 만들었다. 평소 자주 쓰는 페인트나 붓, 인테리어 소재 등을 두는 수납공간으로 활용한다.

4
코너별 전시 아이템을 다르게
쇼룸 왼쪽 코너에는 깃털 프린트의 쿠션을 의자에 올려 스타일링했다. 이 공간에는 주로 자연 소재의 실사 사진을 이용한 패브릭 제품을 전시한다. 오래된 피크닉 가방도 빈티지하다.

5
방문을 떼어 더 넓어 보이게
안쪽 미니 오피스로 들어가는 방문을 떼어 내어 마치 공간이 연결된 것처럼 보인다. 미니 오피스인 방과 작업을 주로 하는 거실을 여유롭게 왕래할 수 있도록 한 점도 돋보인다.

Owner's Pick-up!

SPECIAL SPACE

 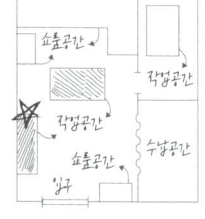

인테리어 소품 업사이클링을 위한 작업 공간
쇼룸 창가 앞쪽에는 인테리어 소품을 업사이클링할 때 필요한 재료를 모아 두고, 작은 테이블에서 작업을 한다. 비트윈 아지트만의 색다르고 창의적인 아이템들이 만들어지는 공간인 만큼 그녀들에게는 더욱 특별한 곳이다.

THEIR Self-interior IS...

예술가적 취향이 가득한 빈티지 공간

비트윈아지트에 들어서는 순간 이국적인 블루 컬러에 매혹된다. 모로코 도시 셰프사우엔의 모습을 담은 짙은 바다 빛깔의 블루를 벽부터 천장까지 칠했고, 바닥도 모로코 풍의 데코타일을 깔았다. 쇼룸 공간에는 오래된 거울이나 창문, 특이한 소품, 그리고 화려한 샹들리에, 패브릭 커튼으로 빈티지한 느낌을 담았고, 사무실 공간은 심플하면서도 비트윈아지트만의 악센트를 줄 수 있는 패브릭과 소품으로 스타일링했다.

₩ TOTAL COST

공사비	총 금액 약 50만원
▶ 내장 공사비	천장, 벽 페인트 협찬 받은 것, 바닥 데코타일 약 20만원, 조명과 선반 원목 약 20만원, 기타 약 10만원
그 외	전 작업실에서 집기류 가져옴

Styling tip

문 대신 레이스 커튼
쇼룸에서 사무실 공간으로 들어가는 문을 떼어 내고 감각적인 레이스 커튼을 달았다. 문이 없어 공간이 더 넓어 보이면서 커튼으로 공간을 분리해 실용적이다. 커튼은 직접 판매도 할 계획이다.

독창적인 오브제
낡아서 버린 문이나 거울에 컬러를 입히고 마감을 새롭게 해 독특한 오브제로 재탄생시켰다. 이런 아이템들을 쇼룸 한쪽 벽에 두고 비트윈아지트의 콘셉트를 보여 준다. 판매를 위한 상품이기도 하다.

미니 테이블
쇼룸 공간에 둔 미니 테이블을 오래된 빈티지 의자에 나무 상판만 올려 만들었다. 바닥에도 캔들이나 컬러 병 등 소품을 놓아 자연스러워 보인다.

액자 오브제
창문 프레임 뒷면에 투명 필름을 부착해 나뭇잎이나 꽃 등을 달 수 있도록 만든 색다른 오브제. 빈 공간에 그냥 세워 놓는 것만으로도 멋스럽다.

 CLOSE-UP

SELF PAINTING & REPLACE LIGHTING
₩100,000 이하

STEP 01

벽 청소 후 브러시에 페인트 고루 묻히기
페인트를 바를 벽과 천장을 깨끗하게 닦고 브러시에 골고루 묻힌다.

STEP 02

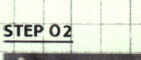

벽, 천장, 몰딩까지 칠하기
벽면 한쪽 끝부터 꼼꼼하게 칠해 나간다. 몰딩도 깔끔하게 칠하고 말린다.

STEP 03

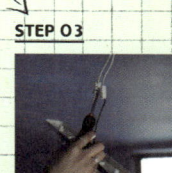

기존에 있던 조명 떼기
드라이버를 이용해 기존에 있던 조명을 떼고 전기선을 정리한다.

STEP 04

샹들리에로 교체하기
새로 구입한 샹들리에에 전기선을 연결해 천정에 고정시킨다.

네모난 프레임 세상
숲 속 컨테이너 사진관

6평

MINI INFO

작업실 명	ANTIQUE FRAME (앤티크프레임)
오너	포토그래퍼 이효준
컨셉트	포토 스튜디오 작업실
규모	6평
위치	충북 청주시 상당구 명암동 106-3
문의	http://aframe.co.kr

HIS Workroom IS...

"프라이빗한 결혼사진이나 특별한 사진을 꿈꾸는
이들을 위한 숲 속 컨테이너 사진관이에요.
사진의 사각 프레임에 사람들의 가장 행복하고 즐거운 모습을
담아 내죠. 작은 컨테이너 속 공간이 저의 작업실이에요.
컨테이너의 한쪽을 모두 오픈해 문을 열어 두면
새소리와 바람 소리, 햇살까지 주변 자연이 그대로
작업실로 들어온답니다."

DAILY SCHEDULE

11:00	작업실 오픈
12:00	홈페이지 관리, 전화, 카톡 상담
14:00	포토 앨범, 포토 액자 배송, 평일에는 방문 상담 및 작업 (주말에는 주로 촬영)
17:00 ~ 마감	포토 작업, 상담 등

HIS Opening Story IS...

▷ **창고에서 컨테이너 사진관으로**

앤티크프레임이 되기 전, 컨테이너는 단순한 창고였다. 부모님의 집을 지을 때 자재와 잡다한 물건들을 보관하던 곳이었다. 부모님과의 합가를 결정하고 들어오면서 이효준 씨는 눈여겨봤던 이 컨테이너를 사진관으로 바꾸기로 결심했다. 외국 사이트에서 보아왔던 근사한 컨테이너 작업실, 그 모습으로 꼭 바꿔 보고 싶었다. 그것도 직접 디자인하고 공사해서 자신의 힘으로 말이다. 산 초입에 있어 자연경관이 그대로 배경이 되고, 새소리와 나뭇잎이 스치는 바람 소리를 들으며 작업을 할 수 있는 멋진 사진관. 생각만 해도 가슴이 설레고 두근거렸다. 주로 웨딩 스냅을 촬영했었기에 이곳에서 부부로 첫 시작을 준비하는 예비 신랑, 신부의 모습을 담으면 더 의미 있고 색다를 것 같았다.

▷ **사진이 담긴 액자처럼**

좁은 오솔길을 올라오면 바로 작업실이 보인다. 사람들이 이 오솔길을 올라오면서 사진관을 보았을 때 마치 사진이 담긴 액자 같은 느낌을 받았으면 했다. 그래서 컨테이너 옆면과 앞면을 모두 잘라 내고 창을 달기로 했다. 입구가 될 앞면은 전체를 잘라 낸 뒤 폴딩 도어를 달고 옆면은 통창으로, 그리고 뒷면도 숲의 공기를 그대로 마실 수 있도록 가로로 긴 창을 내었다. 모든 것을 혼자서 디자인하고 작업하기로 결심했지만 사실 지인들의 도움 없이는 엄두도 못 낼 일이었다. 특히 인테리어 디자이너인 친구의 도움을 가장 많이 받았다. 생소한 목공 작업부터 새시, 폴딩 도어 업체 선정까지 전문가의 조언은 가장 큰 힘이 되었다.

▷ **더디고 더딘 작업**

컨테이너를 개조해 작업실로 만드는 일은 생각보다 쉽지 않았다. 단순한 철제 구조인 컨테이너를 사람이 활동할 수 있는 공간으로 만들기 위해서는 많은 보강 작업이 필요했고 전문적인 기술도 요했다. 부식을 방지하는 페인트

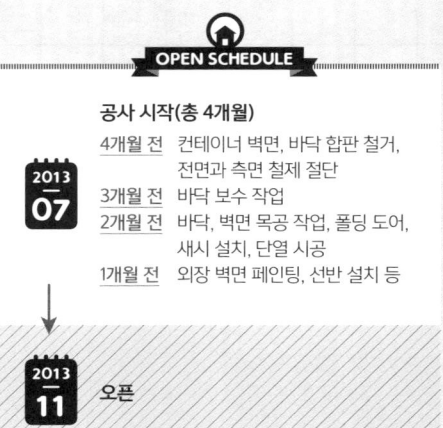

OPEN SCHEDULE

공사 시작(총 4개월)

2013 07	4개월 전	컨테이너 벽면, 바닥 합판 철거, 전면과 측면 철제 절단
	3개월 전	바닥 보수 작업
	2개월 전	바닥, 벽면 목공 작업, 폴딩 도어, 새시 설치, 단열 시공
	1개월 전	외장 벽면 페인팅, 선반 설치 등

| 2013 11 | 오픈 |

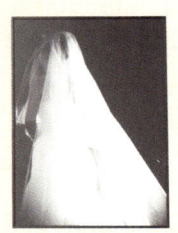

스냅 사진으로 촬영한 웨딩 사진 액자. 작업실 선반에 두고 인테리어 소품으로도 활용 중이다.

처음 컨테이너 사진관 콘셉트는 캠핑 스타일. 그래서 작업실에는 캠핑 관련 소품이 여럿 있다.

웨딩 스냅 사진 촬영 때 주로 사용하는 재밌는 소품. 신랑, 신부를 뜻하는 모티브가 위트 있다.

스튜디오 공간답게 다양한 작업물을 눈으로 직접 확인할 수 있다. 샘플 앨범도 그중 하나.

신부를 위한 소품으로는 꽃도 많이 등장한다. 색다른 느낌을 주는 드라이플라워도 인기다.

익살스러운 사진에 많이 등장하는 마술사용 모자. 사진관을 찾는 신랑들이 좋아하는 소품이다.

를 칠해야 했고, 단열을 위해 이중유리는 물론, 벽면과 천장에 단열재를 촘촘하게 넣어야 했다. 바닥에 원하던 마루를 깔기 위해서는 합판을 떼어 비어 있는 부분을 채우고 다시 합판 작업을 해야 하는 엄청난 과정을 거쳐야 했다. 처음에는 간단하게 끝날 줄 알았던 작업은 느리게 진행되었고 공사 시작 후 4개월이 지나서야 꿈꾸는 모습을 갖출 수 있었다.

▶ **하나에서 셋으로**

첫 컨테이너 사진관을 완성한 뒤, 많은 시간이 흘렀다. 지금은 컨테이너 작업실 2동이 더 늘어났다. 실내 사진관 겸 응접실, 보정 작업까지 한곳에서 모두 해결하기에는 무리였기 때문. 그래서 신부를 위한 드레스룸과 응접실을 겸하는 새로운 작업실 1동, 그리고 스냅 촬영을 위해 온 손님들이 여유롭게 차를 마시고 이야기를 나눌 수 있는 카페 1동이 더해졌다. 이 두 곳은 전문 시공 업체의 도움을 받았지만 이렇게 3동으로 늘어나고 나니 완벽한 컨테이너 사진관의 모습을 갖추어 가고 있는 듯하다. 그는 앞으로 컨테이너를 더 늘려 지금의 ㄱ자형에서 ㄷ자형으로 만들 계획이다.

HIS Space IS...

스튜디오, 응접실, 개인 작업실까지

처음 컨테이너 사진관을 열었을 때는 실내에서 사진촬영을 많이 할 생각이었다. 컨테이너 측면에 전면 창을 설치한 것도 역광 촬영을 위한 것. 하지만 방문하는 사람이 많아지자 공간이 너무 협소해져 이제는 가끔 실내 촬영을 하거나 대형 책상을 놓고 포토그래퍼들의 개인 작업을 하는 작업실 겸 사무실로 활용 중이다.

1
답답함을 덜어주는 폴딩 도어

사실 컨테이너는 사방이 막혀 있어 답답하다. 그래서 전면 철제를 모두 잘라 내고 폴딩 도어를 달아 넓어 보이면서도 시원한 느낌이 들도록 했다. 폴딩 도어는 열면 안이 그대로 노출되고 닫으면 막힌 공간이 되어 아주 실용적이다.

2
작업 공간 겸 수납공간을 함께

커다란 모니터가 갖춰진 이곳은 사진 작업 공간이다. 좁은 공간을 활용하기 위해 책상 밑 빈 공간에 선반을 짜 수납공간도 겸했다. 의외로 수납공간이 많아져서 책부터 촬영 소품까지 다양하게 수납할 수 있게 되었다.

3
직접 자르고 붙인 나무 바닥
빈티지한 스타일의 나무 바닥은 수작업으로 완성했다. 원목을 일일이 잘라서 바닥에 깔고 본드로 고정시킨 후 오일 스테인을 발랐다.

4
블랙 프레임으로 통일
공간이 보다 넓어보이도록 폴딩도어를 비롯한 모든 문과 창문 프레임의 컬러를 맞췄다. 컨테이너 외관 컬러에 맞춰 블랙으로 통일했다.

5
효율적인 작업을 위한 ㄱ자형 책상
보정 작업을 위한 책상을 들이기엔 공간이 허락지 않았다. 그래서 벽면을 이용해 ㄱ자형으로 책상을 짜 넣어 좁아 보이지 않도록 했다.

 Owner's Pick-up!

SPECIAL SPACE

 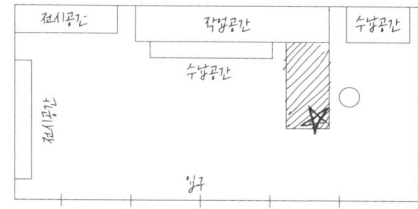

개인 작업을 하는 혼자만의 공간
하루 일과를 끝내고 개인 책상에 앉아 하루를 정리할 때가 가장 편안하기에 혼자만의 공간이 허락되는 책상은 특별하다. 책상에 앉으면 컨테이너 내부가 한눈에 보이기 때문에 더욱 좋아한다.

HIS Self-interior IS...

모던하면서도 빈티지한 느낌의 디자인

그의 컨테이너 사진관은 전체적으로 모던하다. 군더더기 없이 깔끔하도록 화려한 장식도 배제했다. 컬러는 블랙과 화이트, 그리고 빈티지 브라운으로 고급스러움을 더했다. 모던함 속에서도 편안한 분위기를 더하기 위해 바닥은 나무 바닥으로 설치했는데, 신발을 신고 들어오는 공간이라 적당히 긁히고 거칠어져서 빈티지한 느낌을 준다.

₩ TOTAL COST

공사비	총 금액 약 800만원
▶ **외장 공사비**	폴딩 도어 약 330만원, 새시 약 110만원, 외장 페인트 약 50만원
▶ **내장 공사비**	단열재 포함 목공 작업 약 100만원, 바닥재 약 40만원, 벽지 약 30만원, 전기 약 100만원, 기타 약 40만원

Styling tip

갤러리 이젤
측면 통창에는 햇빛이 비치는 얇은 소재의 화이트 패브릭 커튼을 달아 공간이 밝아 보이게 했다. 그 앞에 이젤을 놓고 직접 촬영한 작품을 액자로 만들어 올려 두니, 미니 갤러리 공간이 완성되었다.

핸드메이드 선반
액자나 소품을 올려 둘 선반이 필요해서 먼저 MDF로 선반을 설치한 후 다시 원목을 올렸다. MDF만으로는 튼튼하지 않아서 원목을 다시 한 번 올린 것. 밤나무색 오일 스테인으로 마무리했다.

셀프 장식장
목공 작업 시 남은 원목으로 장식장을 만들었다. 먼저 지지대를 만든 후 그 사이에 유리를 끼워 넣을 수 있도록 홈을 만들고 오일 스테인을 발라 완성했다. 허전한 코너 벽에 포인트가 되었다.

외부 조명
작업을 하다 보면 늦게까지 이어질 경우가 잦다. 컨테이너 외부에 등을 달아 가로등 효과를 냈다. 조명 디자인도 돋보인다.

 CLOSE-UP

SELF WOOD FLOOR
₩400,000

STEP 01 나무 자르기
바닥 사이즈에 맞춰 나무를 일일이 잘라서 준비한다. 언밸런스하게 붙일 수 있도록 적당한 길이를 정하는 게 관건.

STEP 02 목공 본드로 붙이기
자르고 난후 거친 면은 사포로 문지르고 목공용 본드를 붙여 바닥에 고정시킨다.

STEP 03 타카로 한 번 더 고정 시키기
좀 더 단단하게 고정시키기 위해 타카를 이용해서 박는다. 전체적으로 일정한 간격 유지가 중요하다.

STEP 04 오일 스테인 바르기
바닥 청소를 깨끗이 한 후, 브러시로 밤나무색 오일 스테인을 골고루 바른다.

Plus SPACE

AROUND 1774 Container Interior

그의 작업실은 사진 촬영 공간 외에도 메이크업 공간과 드레스룸을 갖춘 컨테이너와 손님 접대용 카페인 컨테이너 2동이 더 있다. 이곳은 디자인과 콘셉트는 직접 구상하고, 시공은 전문 업체에 맡겨서 완성했다. 이 세 곳을 통틀어 그는 'AROUND 1774'라 부른다.

1

드레스룸 & 파우더룸
스냅 촬영을 위해서는 메이크업 공간과 드레스룸, 깨끗한 화장실이 절실했다. 그래서 두 번째 작업실은 2가지 공간으로 나누어 시공했다.

01 내추럴하면서도 로맨틱하게
촬영용 웨딩드레스와 셔츠 등을 걸어두는 의상 공간. 심플한 원목으로 행거 스타일의 옷장을 만들었다. 라탄 바구니를 놓으니 로맨틱한 분위기가 물씬.

02 메이크업 공간
신부를 위한 메이크업 공간은 앤티크 화장대로 꾸몄다. 조명을 받아 더욱 화사하고 사랑스러워 보일 수 있도록 한 것. 원목 프레임의 전신 거울도 놓았다.

03 창을 잊지 않은 파우더룸
파우더룸은 내부에서 가장 넓은 면적을 차지하게끔 만들었다. 컨테이너 속이라는 생각이 들지 않도록 창도 잊지 않았다.

01 가정집 주방 스타일의 카페 바
커피를 좋아하는 그의 아내의 아이디어를 반영해 완성한 카페 바. 싱크대도 일반 가정집처럼 ㄷ자형으로 만들었다. 바를 두어서 편하게 쉴 수 있도록 했다.

02 각기 다른 소파로 꾸민 응접실
손님들과 상담을 하거나 담소를 나누기 위해 테이블과 소파를 두었다. 소파는 서로 다른 디자인을 믹스해서 빈티지하면서도 멋스럽다.

03 원목 벤치로 휴식 공간 확보
입구 양쪽 옆에 벤치를 놓아 많은 이들이 편히 앉아 쉴 수 있도록 신경 썼다. 마루 원목과 같은 원목으로 통일해 자연미를 강조했다.

2 티타임을 위한 미니 카페

찾아오는 손님들과 여유 있게 커피 한잔 하면서 이야기를 나누고, 촬영 대기 장소로 쓰기 위해 세 번째 컨테이너 카페 작업실을 만들었다. 인테리어 디자이너인 친구에게 시공을 맡겨 내 집 주방 같은 편안하고 안락하면서 세련된 분위기의 카페 공간으로 연출했다.

손재주 많은 그녀들의 아지트
액세서리 공방
6평

MINI INFO
작업실 명 이태원 작업실(GU + 꼼지락공장)
오너 은공예가 구민지, 매듭공예가 박성애
컨셉트 액세서리 공방 + 숍
규모 6평
위치 서울시 용산구 이태원동 57-28
문의 www.2workroom.com 070-8777-0125

THEIR Workroom IS...

"은과 매듭으로 만드는 액세서리를 만날 수 있는 곳이에요. 은공예와 매듭공예를 하는 두 여자가 각자 다른 개성의 액세서리를 만들고, 판매도 하죠. 저희 작품 외에도 우리 작업실에 어울리는 다른 핸드메이드 작가들의 작품 전시와 판매 공간으로도 활용되고요. 작업실 곳곳 직접 우리의 힘으로 칠하고 꾸며서 작지만 편안하고 마치 아늑한 집 같은 곳이기도 해요. 그리고 아끼는 작품이 가득한 보물 창고지요."

 DAILY SCHEDULE

12:30	작업실 오픈(구민지 씨 출근), 청소
13:00	청소, 온라인 숍 주문 배송 작업
15:00	구민지 씨 개인 작업, 곽성애 씨 출근
16:00 ~ 마감	액세서리 작업, 온라인 숍 점검

*월요일 시장 조사, 주말 프리마켓 참여

THEIR Opening Story IS...

▷ **회사원에서 핸드메이드 작가로**

박성애 씨의 첫 직장은 액세서리 제작회사였다. 회사를 다니면서도 금속공예를 배우고 액세서리를 만들기 시작했다. 주말에는 프리마켓에 나가 직접 만든 액세서리도 팔고 다른 핸드메이드 작가들과 교류하면서 점점 핸드메이드 매력에 빠져들었다. 그러다 회사를 그만두고 1년 동안 해외여행을 떠났다. 자신을 돌아보고 앞으로의 인생을 고민하기 위해 떠난 여행에서 하고 싶은 일을 하며 살아야겠다는 결심을 하게 되었다. 귀국 후, 그녀는 핸드메이드 작가로서의 새로운 출발을 시작했다.

▷ **금속공예가의 주얼리 사랑**

이태원 작업실의 또 다른 안주인 구민지 씨는 금속디자인과를 졸업한 금속공예가다. 거창한 금속공예 작품을 만드는 것보다 아기자기하고 예쁜 액세서리를 만드는 일이 더 좋았다는 그녀. 직접 만든 작품이 늘어나면서 '한번 판매를 해볼까?'하는 호기심이 생겼다. 주말에 열리는 프리마켓에 참여하면서 사람들이 자신의 액세서리에 감탄하고 일부러 다시 찾아오는 단골이 늘면서 자신감도 붙었다. 그러다 우연히 명동의 셀렉트 숍으로부터 숍인숍 제안을 받으면서 본격적으로 판매도 가능하게 되었다.

▷ **액세서리를 사랑하는 두 여자의 만남**

매듭과 폴리머 클레이로 액세서리를 만드는 성애 씨와 은공예 액세서리를 만드는 민지 씨는 어느 프리마켓에서 처음 만났다. 바로 옆자리에서 판매를 하면서 대화를 나누다보니 서로의 공통점이 많다는 걸 깨달았다는 두 여자. 자연스레 이미 압구정에서 단독 작업실을 운영 중인 민지 씨의 작업실을 성애 씨가 쉐어하면서 두 사람은 파트너가 되었다. 이후 공동으로 쓸 작업실을 찾아 나섰고, 작업실과 쇼룸을 겸할 수 있는 공간을 찾다가 이태원의 어느 허름한 지물포를 만나게 되었다.

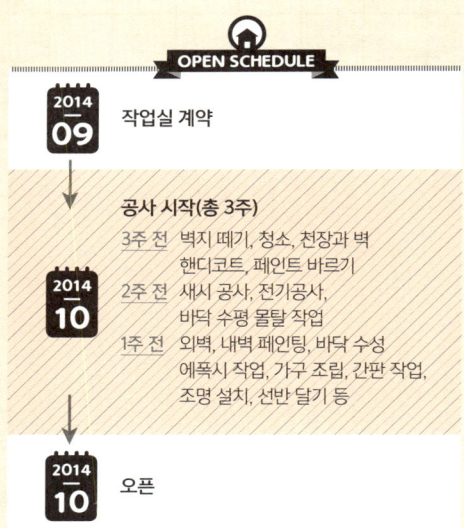

OPEN SCHEDULE

2014/09 작업실 계약

공사 시작(총 3주)
- 3주 전 벽지 떼기, 청소, 천장과 벽 핸디코트, 페인트 바르기
- 2주 전 새시 공사, 전기공사, 바닥 수평 몰탈 작업
- 1주 전 외벽, 내벽 페인팅, 바닥 수성 에폭시 작업, 가구 조립, 간판 작업, 조명 설치, 선반 달기 등

2014/10 (공사 시작)

2014/10 오픈

폴리머 클레이와 원석 등에 매듭을 일일이 꼬아서 만든 팔찌. 이국적인 디자인이 멋스럽다.

여성스러운 리본 장식이 있는 실버 팔찌. 세심한 디테일이 살아 있는 디자인으로 공이 많이 들어간다.

손뜨개를 좋아하는 성애 씨가 만든 뜨개 머플러. 겨울 시즌 아이템으로 제작한 디자인이다.

특색 있는 디자인과 장식으로 에스닉한 멋이 나는 책갈피.

다른 핸드메이드 작가에게서 선물 받은 소품. 자연을 소재로 한 개성 있는 디자인이 시선을 끈다.

심플하지만 악센트가 되는 레드 컬러 주얼리 때문에 고급스러워 보이는 반지.

겨울에는 따스함이 보이도록 화분에도 커버를 씌운다. 뜨개로 만든 커버가 앙증맞다.

다양한 식물 모티브가 멋스러운 액자는 작업실 선반에 두어 인테리어 효과를 살렸다.

펑키한 감성의 색다른 브로치. 독특한 디자인도 그녀들이 좋아하는 스타일이다.

▶ **두 여자의 공동 작업실**

둘이서 함께 작업실을 하면 싸우지 않느냐고 물어보는 사람들도 간혹 있다. 하지만 그녀들은 단점보다 장점이 더 많다고 얘기한다. 성애 씨는 오전 시간을 다른 취미 활동이나 시장 조사 등으로 보낸 후 오후에 출근하고, 가정이 있는 민지 씨는 일찍 출근해 작업을 한 뒤 조금 일찍 퇴근한다. 이렇게 둘이서 서로 스케줄을 조절하며 작업실을 지키니 개인적인 일로 작업실 문을 닫을 일도 없다. 게다가 경제적으로도 부담이 줄어들고 함께 수다를 떨면서 작업을 할 수 있어 더욱 좋다. 이렇게 그녀들이 꿈꾸던, 함께여서 더 좋은 작업실이 되었다.

THEIR Space IS...

좁은 진열대와 선반으로 수납력 UP

작은 액세서리를 주로 진열하다 보니 넓은 진열대가 필요치 않았다. 그래서 벽으로 붙여서 사용하기 좋은 좁은 진열대와 다양한 선반을 활용해 액세서리를 진열했다. 다양한 사이즈로 붙인 선반은 자리를 많이 차지하지 않으면서도 물건을 많이 올려 둘 수 있어 수납력이 최고다. 대신 작업실 중앙에 가장 큰 테이블을 놓아 다양한 소품을 올려 두었다.

1
선반 수납으로 벽면 활용

큰 가구를 들이기보다는 다양한 사이즈의 선반을 선택해 수납을 해결했다. 최대한 벽 공간을 이용하니 공간을 한결 넓게 사용한다. 선반은 대부분 직접 구입한 목재를 고정시켜서 만들었다.

2
웰 데코로 진열 공간 확보

처음 오픈할 때보다 액세서리 종류도 많이 늘어나고 다른 작가들의 작품도 함께 판매하면서 진열과 수납공간이 많이 필요했다. 그래서 선반과 다양한 종류의 수납장을 매치해 수납력을 높였다.

3
진열대 아래에는 수납공간으로
작업대 맞은편에는 작은 진열대를 두고 진열대 아래를 패브릭 천으로 가려 수납을 할 수 있도록 했다. 사용하고 남은 천을 고정했다.

4
창틀 사이즈에 맞춘 진열대
선반과 진열대는 모두 실측한 뒤, 그에 맞춰 재료를 구입해 직접 만들었다. 큰 창 아래에 있는 진열대드 크기에 맞춰서 고른 것.

5
맞춤형 가구로 공간 효율성 높여
작업대 뒤 빈 공간에는 액세서리 재료와 공구, 기타 자질구레한 물건들을 넣을 수 있는 빅 사이즈 공구함을 두었다. 종류별로 구분해서 넣기에 좋다.

Owner's Pick-up!

SPECIAL SPACE

 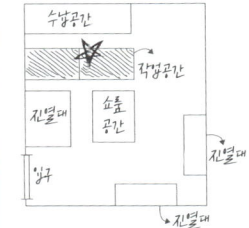

안락함을 주는 미니 작업대
작업실 안쪽으로 들어가 있는 작업 공간은 작업실 전체를 볼 수 있으면서도 아늑해서 집중도를 높일 수 있다. 의자에 앉아 작업을 하다 보면 시간 가는 줄 모른다. 무엇보다 작업을 하면서 손님들의 모습을 볼 수 있어 편리하다.

THEIR Self-interior IS...

발품 팔아 완성한 내추럴 빈티지 공간

그녀들의 작업실은 바닥에서 천장까지 모두 직접 고치고, 칠하고, 꾸며서 탄생했다. 최초 목표는 지물포 매장으로 사용되던 창고 같던 공간을 깔끔하고 밝게 만드는 것. 몇 겹으로 두껍게 발려 있던 벽지를 모두 뜯어내고 울퉁불퉁했던 바닥은 지인들의 도움으로 카페 같은 분위기로 탈바꿈시켰다. 비싼 조명 대신 손수 만든 근사한 조명도 달고, 목재상에서 저렴하게 사온 선반으로 액세서리 쇼룸도 만들어 멋진 작업실을 완성했다.

TOTAL COST

공사비	총 200만원
▶ 외장 공사비	창 새시 약 60만원, 어닝(책상 포함) 약 90만원
▶ 내장 공사비	천장, 벽 핸디코트, 페인트 총 약 20만원, 조명 약 10만원, 기타 20만원
가전 구입비	냉·난방기 약 80~90만원

Styling tip

수평 몰탈과 수성 에폭시
울퉁불퉁한 바닥의 수평을 맞추고자 시멘트보다 입자가 고운 수평 몰탈을 사용했다. 몰탈을 바른 후 완전히 말리고 그 위에 수성 에폭시로 마감했다.

털실 장식
입구 문에는 직접 짠 손잡이 커버를 앙증맞게 달았다. 창가에도 털실로 만든 소품을 달아 따스해 보인다.

벽면 꾸미기
작업대 앞 컴퓨터 책상 옆 벽에는 여행에서 찍은 사진이나 작업실 사진을 인화해서 붙여 두었다. 허전한 벽을 어떻게 꾸밀까 고민하다 마련했다.

셀프 목재 간판
입구의 목재 간판도 직접 만들었다. 남는 목재에 민지 씨의 'GU'와 성애 씨의 '꼼지락 공장' 브랜드를 넣은 것.

SELF LIGHTING ₩20,000 이하

STEP 01

짐볼에 랩 감기
둥근 모양으로 만들기 위해 스포츠용 짐볼에 랩을 꼼꼼하게 감는다.

STEP 02
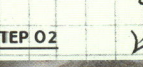
밀가루 풀 바르기
랩을 씌운 짐볼 위에 밀가루 풀을 전체적으로 잘 펴 바른다.

STEP 03

라피아 끈 감기
밀가루 풀 위에 라피아 끈을 돌돌 감는다. 이때 짐볼을 꺼낼 구멍은 반드시 남겨 둔다.

STEP 04

말린 후 매달기
밀가루 풀이 완전히 마르면 짐볼에 바람을 빼서 남겨 둔 구멍으로 짐볼을 빼내고 조명에 단다.

도시에서 만나는 농장
핸드메이드 식품 작업실

6평

MINI INFO
- 작업실 명: IN SEASON(인시즌)
- 오너: 식품 디자이너 김현정, 이소영
- 컨셉트: 식품 작업실 + 숍 + 쿠킹 클래스
- 규모: 6평
- 보증금: 1,000만원 **임대료** 월 60만원
- 위치: 서울시 마포구 연남동 240-54
- 문의: www.inseason.co.kr / 02-6467-1117

THEIR Workroom IS…

"시골 농장의 신선한 먹거리를 도시의 소비자에게 전달하는 중간 지점이 바로 인시즌이에요. 건강한 먹거리를 직접 만날 수 있도록, 그리고 기호에 맞게 고를 수 있도록 돕지요. 사과, 배, 오미자 등의 재료로 만든 식초, 잼, 시럽이나 직접 만든 효소를 판매하기도 하죠. 고객들이 직접 와서 즐길 수 있도록 저희 제품을 이용한 쿠킹 클래스나 플로리스트와 함께 하는 테이블세팅 등 다양한 프로그램을 진행하기도 해요."

 **DAILY SCHEDULE**

10:00	작업실 오픈, 청소
11:00	온라인 숍 관리, 사진 촬영, 데스크 업무
14:00 ~ 18:00	메뉴 개발, 제품 테스트
저녁식사 후 ~ 마감	데스크 업무, 기타 업무

*일주일에 한 번 농장 출장

THEIR Opening Story IS...

▷ **대학원 동기에서 사업 파트너로**

인시즌의 두 안주인은 식품과는 거리가 먼 삶을 살았다. 김현정 씨는 대학서 건축을, 이소영 씨는 법학을 전공했던 터. 두 사람 모두 디자인 경영 대학원에서 논문을 준비하면서 인생이 달라졌다. 당시 충주에서 과수원을 하시는 현정 씨 부모님이 태풍으로 인한 낙과로 힘들어 하자, 소영 씨가 팔을 걷어부치고 함께 방법을 찾아 나선 것. 이들은 쓸모없어진 낙과를 재가공해 상품화하기로 합의, 때마침 충북에서 열린 아이디어 공모전에 참여해 낙과를 이용한 재가공 제품을 출품해 당당히 대상의 영광을 안았다. 그렇게 그들의 사업은 시작되었다.

▷ **대학원 강의실 ▶ 왕십리 사무실 ▶ 연남동 작업실**

대학원 논문을 쓰면서 창업을 한 터라 처음에는 변변한 작업실도 없었다. 아이디어를 짜고 메뉴를 개발하는 데는 사실 어떤 장소든 상관없었기에 처음 시작은 대학원 강의실에서 이루어졌다. 점점 그들만의 사무실이 절실했을 때 마침 여성경제인협회의 지원을 받게 되었고 왕십리의 작은 사무실을 빌려 쓰기 시작했다. 하지만 식품 개발용 테스트 공간이 마땅치 않아 근처 식당에 사정해 낮 시간에 싱크대를 빌려 사용하기도 했다. 그렇게 힘들게 제품을 개발하고 판매해서 얻은 수익으로 지금의 연남동 작업실을 오픈할 수 있었다.

▷ **입소문의 저력**

창업에 대해서 전혀 몰랐던 그녀들은 만든 제

OPEN SCHEDULE

- **2011-00** 여성경제인협회 창업 지원금으로 창업
- **2012-2013** 왕십리 사무실
- **2013-11** 건물 찾기, 작업실 계약
- **2013-12** 공사시작(총 2개월)
  - 2개월 전: 바닥 데코타일 셀프 시공, 벽 페인트, 주방 싱크대 설치
  - 4주 전: 찬장 리폼
  - 3주 전: 중고 책장, 철제 서랍장 구입, 찬장 리폼
  - 2주 전: 가구 구입
  - 1주 전: 이전 집기류 이사, 인테리어 스타일링
- **2014-01** 오픈

보는 즐거움도 더해 주는 천연 칩들. 사과, 배, 생강 칩은 달콤한 맛과 쌉싸래한 맛으로 간식으로 굿.

국내산 밤을 일일이 손으로 까서 만든 밤잼과 설탕을 넣지 않고 배와 꿀만으로 만든 배잼.

사과에 계피 향을 더해 만든 애플 시나몬 시럽과 자연 방식 그대로 만든 배 식초.

인시즌의 식기들은 심플한 디자인이 많다. 심플하고 내추럴한 컬러감의 머그컵.

제품을 담는 케이스도 자연환경을 생각한 디자인을 고른다.

일본풍의 내추럴 인테리어를 연상 시키는 화이트 법랑 주전자.

품을 어떻게 판매해야 할 지 처음에는 막막했다. 많이 팔아야겠다는 생각보다 직접 만든 식품을 사람들에게 알리고 싶다는 생각이 컸다. 그래서 먼저 대학원 교수님이나 지인들에게 선물을 했다. 마침 매거진 촬영이 많았던 교수님 한 분이 촬영 때 그녀들의 제품을 소개해 주었고, 이렇게 매거진에 실리면서 입소문을 타기 시작했다. 밖으로는 대학로에서 열리는 파머스 마켓인 '마르쉐'에 참여하는가 하면, 온라인 편집숍 29cm에 입점해 고객층을 확보해 나갔다.

▶ 건강한 식탁을 위한 슬로우 푸드

인시즌의 먹거리는 건강하다. 핸드메이드로 하나하나 정성을 들여 만들어 인공적인 요소가 전혀 없다. 한 계절 넘게 기다려야 만날 수 있는 효소, 일일이 썰어서 말리는 과일 칩, 천연재료로 만드는 식초와 잼 모두 그렇다. 조금은 천천히, 기다려서 얻는 것들로 건강한 식탁을 만드는 게 그녀들의 생각이기도 하다. 그리고 나아가 식탁에서 즐기는 기쁨을 맛보기 위한 즐거운 테이블 세팅까지 이어지도록 하는 바람을 가지고 있다.

THEIR Space IS...

쇼룸과 식품 작업실을 한곳에
작업실에는 완벽하게 쇼룸과 식품 작업 공간이 마련되어 있다. 먼저 기존의 수도가 설치된 공간에 싱크대와 가스오븐레인지를 들여 식품 작업 공간을 마련했다. 이후 싱크대 맞은편의 넓은 벽을 활용해 쇼룸 공간으로 만들었다. 쇼룸 공간 옆에는 한쪽으로 책장을 두니 가구들이 마치 맞춘 듯 꼭 들어맞았다. 책장 앞에는 미니 테이블을 놓아 손님 접대 공간을 마련했다.

1
한쪽 벽을 활용한 넓은 쇼룸
싱크대 맞은편의 벽면에는 빅 사이즈의 찬장을 두고 찬장 위 벽에 선반을 달아 직접 만든 인시즌의 여러 가지 제품을 전시할 수 있도록 했다. 화이트 컬러의 벽과 블랙 컬러의 찬장의 컬러 조합이 깔끔하다.

2
상부장 없앤 싱크대로 공간 확보
식품 작업 공간은 모두 화이트로 통일! 주방 타일도 직접 을지로에서 화이트 타일을 구해 와 줄눈 작업을 해서 붙였다. 싱크대 상부장을 없애고 근처 목재상에서 구입한 원목을 이용해 오픈형 선반을 놓았다.

 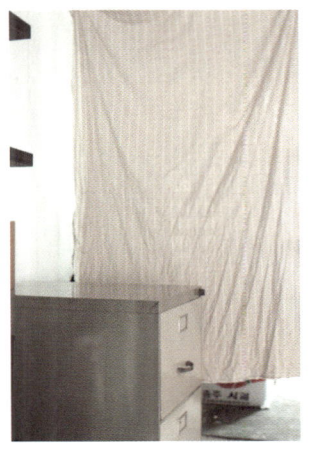 

3
손님용 테이블은 창 앞에
빛이 잘 들어오는 창 앞에는 손님 테이블을 놓았다. 좁은 공간에서 느낄 수 있는 답답함을 해소하기 위함이다. 종종 사무 업무를 보기도 한다.

4
작업실과 창고 사이 패브릭 커튼
메인 작업실 안쪽으로는 창고로 쓰는 방이 있다. 통하는 길에 문을 달지 않고 패브릭 커튼을 달아 공간이 넓어 보이는 효과를 주었다.

5
작업실 중간 기둥 옆에는 수납함
건물 기둥이 작업실 중앙을 차지하고 있어 화이트 컬러 페인트를 칠했다. 둘 곳이 애매했던 수납함도 색을 맞춰 기둥 옆에 두니 사용하기 편리하다.

 Owner's Pick-up!

SPECIAL SPACE

 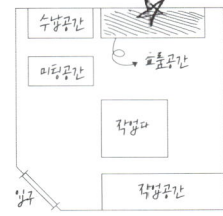

그녀들의 노력이 담긴 보물 창고 찬장
자신들의 특별한 곳으로 망설임 없이 고른 곳이 바로 찬장이 있는 공간. 그동안의 노력을 그대로 담은 보물과도 같은 제품들이 전시되어 있기 때문이다. 시간 날 때마다 닦고 위치를 바꿔 꾸미다 보면 흐뭇해지는 마음이 절로 든다. 제품 주문이 들어오면 찬장에서 바로 포장을 하거나 임시 작업대로도 사용한다.

THEIR Self-interior IS...

시골 농가의 느낌을 담은 심플 내추럴

작업실 인테리어로 제일 먼저 생각한 것은 시골 농원의 창고 같은 분위기였다. 오랫동안 보아 온 익숙하면서도 자연스러운 느낌이 들도록 하고 싶었다. 너무 화려하고 자로 잰 듯 반듯한 게 아니라 오래된 도구들이 아무렇게나 놓여 있어도 그 자체로 멋이 나는 그런 스타일을 원했다. 그래서 자신들의 손으로 직접 하기로 결심했고, 벽지부터 바닥, 가구까지 직접 고르고 만들어 천천히 완성시켜 나갔다.

ⓦ TOTAL COST

공사비	총 금액 약 500만원
▶ 외장 공사비	간판, 차양 약 100만원
▶ 내장 공사비	싱크대 약 300만원, 바닥 데코타일, 벽 페인트, 전기공사, 조명 약 100만원
실내 인테리어	우드 블라인드 약 60만원, 소품 구입 약 40만원

Styling tip

화이트 페인팅
좁은 공간이 넓고 심플해 보이도록 벽과 천장까지 꼼꼼하게 화이트 컬러 페인트를 칠했다. 싱크대만 전문 시공을 맡겼고, 페인트는 근처 페인트 가게에서 구입했다.

미니 가든
작업실에 생기를 불어넣기 위해 입구에 작은 벤치를 두고 다양한 식물을 기른다. 화분은 빈티지한 느낌이 나는 캔 소재로 통일하고 다양한 식물들을 키운다.

재활용 아이디어
찬장 밑에 사과나 배, 포장 케이스 등을 보관하는 나무 박스는 시골 농원에서 사과를 담던 것을 재활용했다. 과일 수확 철에는 농원에서 직접 가져온 과일들을 넣어 두고 파머스 마켓의 분위기를 내기도 한다.

식기류 데커레이션
싱크대 오픈 선반 위에는 평소 즐겨 사용하는 식기류를 올려 둔다. 은은한 화이트 톤이 많아서 선반에 식기류를 많이 올려도 전혀 복잡해 보이지 않는다.

SELF CUPBOARD REFORM ₩100,000

STEP 01
찬장 닦기
이전 주인이 놓고 간 찬장을 리폼하기로 했다. 먼저 깨끗하게 먼지를 닦는다.

STEP 02
블랙 페인트칠하기
나무 색이었던 찬장을 블랙 페인트로 꼼꼼하게 칠하고 완전히 말렸다.

STEP 03
바니시 칠하기
페인팅이 오래가도록 무광 바니시를 꼼꼼하게 바른다.

STEP 04
목재소 선반 구입, 페인팅
근처 목재소에서 원목 선반을 구입하고 블랙 컬러로 칠한다.

STEP 05
바니시 후 닦기
무광 바니시를 바른 다음 천으로 살짝 닦아 빈티지한 느낌을 준다.

캔들 작업실

세상을 아우르는 향기

6평

MINI INFO

작업실 명	COMFORT ZONE(컴포트존)
오너	캔들 메이커 이효은, 이정은
컨셉트	캔들 작업실 + 쇼룸
규모	6평
보증금	500만원 **임대료** 월 30만원
위치	서울시 종로구 이화동 7-8
문의	blog.naver.com/fromleetoyou

THEIR *Workroom* IS...

"자극적이지 않고 은은하면서도 편안한 기분을 전하는 캔들을 만드는 작은 작업실이에요. 향기에 행복해지고, 기분이 좋아지는 마법과도 같은 캔들이 가득하지요. 이곳에 오는 사람들 모두 얼굴 가득 웃음을 안고 돌아가길 바라는 소박한 꿈을 가지고 만들고 있어요. 작업실 문을 항상 열어 두는데 지나가는 사람 누구나 들어와 캔들을 만나고 힐링하는 시간을 가졌으면 하기 때문이에요. 조금은 느리지만 마음이 편안한 삶을 제안하는 컴포트존이랍니다."

 **DAILY SCHEDULE**

14:00	작업실 오픈, 청소, 배송 작업
15:00	디자인 작업, 캔들 작업
18:00 ~ 21:00	캔들 작업, 향 블렌딩 작업, 신제품 회의

*요일에 상관없이 일주일에 두 번 시장 조사, 을지로 인쇄소 방문

THEIR Opening Story IS...

▶ **두 여자의 작업실**

컴포트존에는 두 여자의 웃음소리와 수다소리가 끊이질 않는다. 단짝친구 이효은 씨와 이정은 씨가 함께하는 곳이기 때문. 중학교 때부터 사회인이 된 지금까지 가장 친한 친구로, 사업 파트너로 함께한 지도 꽤나 긴 시간이 흘렀다. 여행 가기 좋아하고, 호러 영화 보기 좋아하고, 와인 즐기는 것까지 취향이 같다 보니 어느덧 사업도 함께 하게 되었다. 이제는 눈짓만 봐도 무슨 생각인지 알 수 있을 정도로 친구라기보다 가족과 같은 느낌이다. 소중한 두 번째 작업실에서 그녀들은 이십대의 청춘을 보내고 있다.

▶ **친구에서 사업 파트너로**

캔들에 먼저 빠진 것은 정은 씨였다. 우연히 접하게 된 캔들 만들기에 매료되어 만드는 법을 직접 배우고 캔들에 관련된 공부를 하기 시작했다. 그때만 해도 캔들 레슨을 하는 곳이 많지 않아 방산시장의 작은 캔들 판매점에서 마련한 원데이 클래스를 즐겨 찾았다. 캔들에 대한 관심이 높아지면서, 직접 제품을 만들어 판매를 해 보면 어떨까 하는 생각에 마케팅 쪽으로 소질이 있는 효은 씨에게 사업 파트너를 제안했다. 개인 블로그를 하고 있는 효은 씨는 캔들 제작과 마케팅을, 사진 찍기를 좋아하는 정은 씨는 캔들 제작과 촬영 등을 맡으며 컴포트존의 두 오너가 되었다. 사람들에게 편안함을 주었으면 하는 마음에 작업실 명을 '컴포트존'이라 지었다.

▶ **이화동 벽화마을로 오세요**

그녀들의 첫 작업실은 우유 창고를 개조한 곳이었다. 작업하기 편한 곳으로 찾기 위해 어렸을 때부터 살던 동네 어귀에 있던 우유 창고를 얻어 직접 고쳐서 작업실로 사용했다. 첫 작업실이니 작업하기 편하면 된다는 생각이었지만 직접 향을 맡아 보고 싶어 하는 이들이 찾아오기엔 힘든 장소였다. 그래서 두 번째 작업실은 사람들이 찾기 쉬운 곳으로 정하기로 했

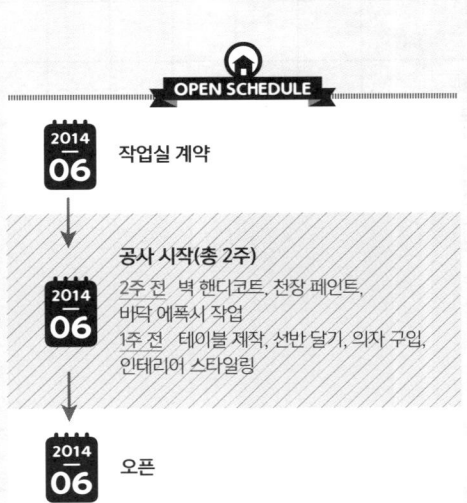

OPEN SCHEDULE

2014/06 작업실 계약

2014/06 공사 시작(총 2주)
2주 전 벽 핸디코트, 천장 페인트, 바닥 에폭시 작업
1주 전 테이블 제작, 선반 달기, 의자 구입, 인테리어 스타일링

2014/06 오픈

컴포트존의 대표 베스트셀러 디퓨저. 클린 코튼 향으로 은은하면서도 부드럽다.

가장 인기 있는 캔들 향은 딥 우드와 머스크 향. 특히 머스크 향은 남성들이 선호한다.

은은한 향의 디퓨저 오일, 클린 코튼과 시트러스 버베나 향은 여성들에게 특히 인기가 많다.

앙증맞은 크기의 티 라이트는 대부분 세트로 판매한다. 처음 캔들을 접하는 이들에게 적합.

빈티지한 인테리어 소품들. 시약병 처럼 생긴 갈색 병은 말린 꽃을 꽂기에 좋다.

일본에서 사온 빈티지한 스타일의 분무기. 로맨틱한 분위기를 자아낸다.

직접 디자인하고 제작한 ALL WRITE 다이어리. 'ALL WRITE'는 '기록광'이 라는 의미다.

캔 케이스의 캔들은 캐주얼한 느낌이 들어 처음 캔들을 만나는 초보들에게 인기다.

다. 대학로를 자주 찾는 효은 씨의 제안으로 근처 이화동을 둘러보던 중 마침 벽화마을로 들어서는 초입의 작은 창고 같은 공간이 눈에 들어왔다. 이곳에 두 번째 작업실을 열었다.

▶ 컨테이너 유리병, ALL WRITE 다이어리

컴포트존의 캔들은 주로 컨테이너 유리병을 사용한다. 주로 투명 용기를 사용하는 다른 곳과는 차별화된 그녀들만의 장점이다. 향도 직접 블렌딩해 독창적인 새로운 향들을 많이 선보인다. 작업실에서는 캔들뿐 아니라 다이어리도 판매하는데, 그녀들이 직접 디자인해 제작한 것이다. 사실 그녀들이 쓰려고 만들었다가 반응이 좋아 판매도 꾸준히 늘고 매거진에도 자주 소개되고 있다.

THEIR Space IS...

넓은 선반과 수납 박스로 수납 해결
다양한 캔들 병과 패키지, 에센셜 오일, 왁스 등을 수납할 공간이 절대적으로 필요했다. 좁은 공간에 드러내면 지저분해 보일 수 있어 드러내기와 숨기기를 반반씩 활용했다. 인테리어 효과가 있는 캔들 병, 에센셜 오일 등은 벽에 설치한 넓은 선반에 올려 두고, 나머지는 큰 종이 박스와 플라스틱 수납 박스에 깔끔하게 정리했다. 컬러는 화이트와 우드 컬러 톤으로만 제한했다.

1
작업실 입구는 작은 테스터 공간으로
작업실을 직접 찾는 손님들을 위해 시향을 할 수 있도록 입구 쪽 벽에 작은 선반을 달아 테스터 공간을 마련했다. 선반 아래에는 화병을 바닥에 놓거나 빈티지 소품을 놓은 선반을 두어 내추럴하게 연출했다.

2
전면 넓은 벽을 활용해 수납공간 넓히기
넓은 벽면에 찬넬 선반을 달아 캔들 완제품과 캔들 병, 에센셜 오일 등을 올려 두었다. 수납공간으로도 충분할 뿐 아니라 인테리어 효과도 있어 일석이조다. 찬넬 선반은 목재소에서 목재만 사고 고정대는 따로 구입해 설치한 것.

3
심플한 미니 세면기 설치

캔들 작업실에 세면기는 필수! 전문가의 도움을 받으면 시공비가 비싸서 세면기만 을지로 상가에서 구입한 뒤, 지인의 도움을 받아 직접 설치했다.

4
이동형 수납 박스로 공간을 넓게

테이블과 선반 아래 빈 공간에는 이동형 수납 박스를 두었다. 부피가 큰 캔들 패키지나 다양한 재료의 수납은 물론 이동하기에도 편하다.

5
미니 선반 적극 활용

창고로 향하는 벽에는 목재를 활용한 미니 선반을 달고 사이즈가 작은 소품을 올려 두었다. 가능한 복잡해 보이지 않도록 세팅에도 신경 쓴다.

Owner's Pick-up!

SPECIAL SPACE

 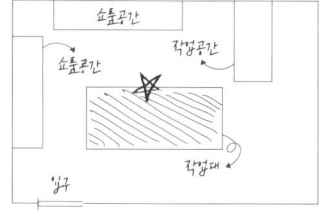

작업 테이블이자 휴식 공간

작업실 중앙에 있는 큰 테이블은 널찍해서 작업 테이블로 활용하기에 편리하다. 작업이 끝난 밤에는 친구들과 소박한 와인 파티를 하는 공간으로 바뀌기도 하고, 작업이 지루할 때는 함께 노트북으로 놓고 영화를 보기도 한다.

THEIR Self-interior IS...

소박함과 아늑함이 묻어나는 빈티지 스타일

두 번째 작업실은 이국적인 빈티지 스타일로 연출하고자 맘먹었다. 울퉁불퉁한 벽도 그대로 살려 핸디코트를 바르고, 바닥도 빈티지스러운 분위기를 내기 위해 에폭시만 발랐다. 무엇보다 테이블과 벽 선반은 짙은 우드 컬러로 골라 자연스러운 느낌을 냈다. 메인 테이블에 놓은 2인용 의자와 1인용 의자도 톤 다운된 컬러의 빈티지한 느낌이 나는 디자인으로 골랐다. 대신 채광이 약한 편이라 천장 조명을 여러 개 설치하고 스탠드를 활용한다.

TOTAL COST

공사비	총 금액 약 100만원
▶ 외장 공사비	출입문 페인팅 약 2만원
▶ 내장 공사비	벽 핸디코트, 페인트 약 30만원, 바닥 에폭시 약 15만원, 테이블 목재 구입 약 20만원, 선반 목재 구입 약 5만원, 세면기 구입 약 8만원, 기타 20만원
의자 구입비	약 15만원

Styling tip

벽 핸디코트
벽 전체가 깔끔하지 않고 울퉁불퉁하게 시멘트 시공이 되어 있던 터라 핸디코트로 자연스러움을 살리기로 했다. 페인트를 따로 바르지 않아도 되는 마감재가 포함되어 있는 핸디코트로 구매.

미니 화분
창고 같은 작업실이라 싱그러운 분위기를 주는 화분을 많이 놓으려고 했다. 작업실 오픈 선물로 화분만 받았을 정도. 작업실 곳곳에 화분이 가득하다.

문짝으로 만든 테이블
작업용 큰 테이블은 목공소에서 문짝으로 파는 것을 사다가 사포로 다듬고 초콜릿 브라운 스테인을 발라 완성했다.

셀프 바닥 시공
울퉁불퉁했던 바닥은 사포로 일일이 긁어내서 평평하게 만든 다음, 에폭시 작업을 했다. 두 번 정도 바르고 충분히 말렸다.

HANDMADE TABLE & SHELF ₩200,000

STEP 01

사포로 매끄럽게
거친 나무 면을 부드럽게 하기 위해 사포로 매끄럽게 문지른다.

STEP 02

결을 따라 여러 번 반복
목재를 다듬지 않고 절단한 것이라 거친 사포와 부드러운 사포로 여러 차례 다듬는다.

STEP 03

초콜릿 컬러 스테인 바르기
선반으로 쓸 원목은 사포질을 한 다음 초콜릿 컬러 스테인을 바른다.

STEP 04

완전히 말린 후 고정대 연결하기
스테인이 완전히 마르면 고정대를 연결해 벽에 고정시킨다.

콜라보레이션 공간
티셔츠 작업실
6평

MINI INFO

작업실 명	aXT(art X T-shirts)
오너	디자이너 이소림
컨셉트	티셔츠 디자인 작업실 + 쇼룸
규모	6평
보증금	1000만원대 **임대료** 월 100만원대
위치	서울시 마포구 동교동 203-38
문의	www.axt.co.kr, 02-325-5579

HER Workroom IS...

"티셔츠 디자인 작업실이자 쇼룸이에요. 다양한 아티스트와의 콜라보레이션을 통해 전혀 새로운 티셔츠를 만들어 내는 곳이죠. 재미있고 개성 있는 아티스트들의 그림을 티셔츠에 어떻게 멋지게 담아 낼지, 어떤 컬러와 어울릴지를 고민하며 샘플을 만들고, 완성된 제품을 판매하기도 해요. 갤러리에 가지 않아도 아티스트의 작품을 만날 수 있답니다. 티셔츠와 함께 가방 등 소품에 그림을 담는 작업을 하기도 해요."

 **DAILY SCHEDULE**

10:00	작업실 오픈, 이메일 체크, 사무 업무, 오더 내역 확인 등
14:00 ~ 17:00	작가 미팅 또는 공장 방문(염색, 봉제 등 공장 4군데 방문)
18:00 ~ 마감	그래픽 즈업, 디자인 작업, 쇼룸 정리

HER Opening Story IS...

▶ **그래픽 디자이너, 웹툰 작가**

산업디자인을 전공한 이소림 씨는 졸업 후 웹 에이전시에서 그래픽 디자이너로 활동했다. 그림을 그리는 것을 좋아했기에 직장을 다니면서도 뭔가 재미있는 취미를 가지고 싶었다. 그래서 시작한 것이 바로 웹툰. 낮에는 직장 생활을 하고 퇴근 후와 주말에는 웹툰 작가로 활동했다. 좋아하는 그림을 그리고, 하고 싶은 이야기를 마음껏 얘기하는 웹툰은 일상의 스트레스를 날리기에 충분했다.

▶ **티셔츠 마니아, 티셔츠를 만들다**

웹툰을 그리면서 '내 그림을 티셔츠에 넣어 보면 어떨까?' 하는 생각을 했다. 세상에서 하나밖에 없는 자신만의 티셔츠를 만들어 보고 싶다는 생각에서다. 사실 티셔츠를 너무 좋아해서 마음에 드는 디자인이 있으면 바로 사곤 하는데 집에 와서 입어 보면 그 품질에 실망하기 일쑤였다. 보기에는 예쁘지만 막상 입었을 때 핏이 예쁘지 않거나, 몇 번 세탁하고 나면 컬러가 처음과 다른 일이 부지기수였다. 그래서 친구랑 의기투합! 티셔츠를 직접 제작하는 일에 뛰어들었다. 하지만 준비 기간도 충분치 않았고, 프리마켓에서 시작해 온라인 쇼핑몰까지 사업을 벌였지만 기대보다 결과가 좋지 않았다.

▶ **조영남부터 신진 아티스트까지**

첫 실패를 맛본 후, 엄청난 준비 기간과 노력을 들여 다시 시작하기로 했다. 프리랜서로 일을 하면서도 티셔츠가 눈앞에 아른거려 미련을 버리지 못했기 때문이었다. 꼼꼼하게 준비 작업을 시작했다. 품질 좋은 티셔츠를 만들기 위해 염색부터 봉제까지 공장을 쉴 새 없이 찾아다녔고, 티셔츠에 담을 그림을 찾아 작가들의 그림을 셀 수 없이 많이 보고 그들을 설득하러 다녔다. 처음에는 작가들이 선뜻 그림 사용을 허락하지 않았다. 하지만 정성 들여 만든 샘플을 보고 흔쾌히 함께 하기로 약속하는 작

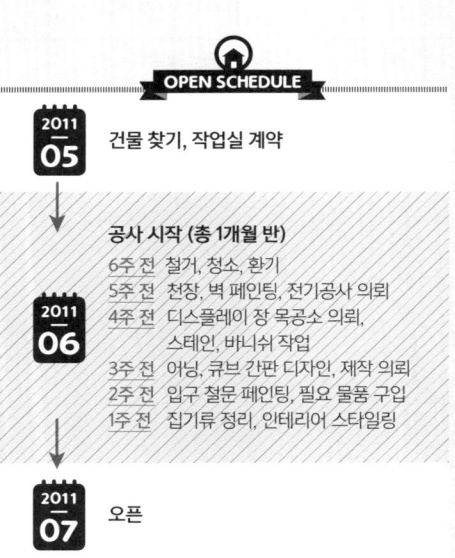

OPEN SCHEDULE

2011-05 건물 찾기, 작업실 계약

공사 시작 (총 1개월 반)
6주 전 철거, 청소, 환기
5주 전 천장, 벽 페인팅, 전기공사 의뢰
2011-06 4주 전 디스플레이 장 목공소 의뢰, 스테인, 바니쉬 작업
3주 전 어닝, 큐브 간판 디자인, 제작 의뢰
2주 전 입구 철문 페인팅, 필요 물품 구입
1주 전 집기류 정리, 인테리어 스타일링

2011-07 오픈

프랑스 작가 bruno의 '몬스터 시리즈'를 담은 베이지 컬러 티셔츠.

꽃과 나무를 사실감 있게 표현한 임태균 작가의 '카멜리아' 작품.

명품 코치와 버버리 원단을 생산하는 회사와 디자이너 그림을 콜라보레이션 한 가방.

안경 브랜드 inkey와 콜라보레이션 한 선글라스와 케이스.

쇼룸을 더욱 재미있는 공간으로 만들어주는 로봇들. 중국에서 구입했다.

직접 촬영한 화보가 담긴 팜플렛. 이미지 시안부터 촬영작업까지 직접 연출하고 진행했다.

참여 작가 L.B가 직접 만들어서 선물해 준 핸드메이드 고릴라.

카트에 탄 코끼리를 코믹하게 디자인한 이호석 작가의 작품이 재미있다.

임정희 작가의 '조그만 것들'을 티셔츠 전체에 그려 넣은 티셔츠.

가들이 점점 늘어났다. 지금은 국내외 유명한 작가부터 신진 작가까지 수십 명에 이르는 작가들과 함께 작업하고 있다.

▶ **동교동 토박이, 동교동 명물**
작업실이 있는 동교동은 그녀가 가장 익숙한 곳이다. 8살 때부터 살아왔고 지금까지 이곳에서 머물고 있기 때문이다. 한적한 주택가이면서도 근처에 아티스트들이 많은 것도 이곳의 좋은 점. 단독주택 창고로 쓰이던 지금의 작업실을 발견하고 너무 마음에 들어 부동산을 통해 주인을 설득하고, 서울시 청년 창업프로젝트를 통해 창업 지원금을 받아 작업실을 열었다. 그렇게 티셔츠와 함께 하는 티셔츠 디자이너 겸 오너가 되었고 동교동에서도 알아주는 티셔츠 작업실을 탄생시켰다.

HER Space IS...

통일된 소품과 가구로 넓어 보이는 공간

처음 작업실에 두었던 디스플레이 장을 빼고 심플한 행거에 컬러별로 티셔츠를 걸어 두었다. 티셔츠를 많이 걸어 둘 수도 있고 이쪽저쪽 옮기기도 편해서 실용적이다. 그리고 부자재와 각종 샘플 원단, 그밖에 소소한 물품들은 인터넷 쇼핑몰에서 구입한 종이 박스에 모두 수납했다. 작업용 테이블은 작업실 안쪽에 배치해 답답한 느낌을 최소화했다.

1
같은 사이즈의 종이 박스로 창고 대용
6평 공간을 숍과 작업실로 사용하기 위해 찾아낸 수납법이 행거와 종이 박스의 활용이다. 특히 한쪽 벽에 철제 앵글을 설치한 후 같은 사이즈의 종이 박스를 쌓아 수납 효과를 높이고, 공간도 살렸다.

2
작업 테이블은 안쪽 공간으로
출입문을 열고 들어왔을 때 잘 보이지 않는 안쪽 공간에 작은 작업 테이블을 놓았다. 직원과 함께 할 일을 상의하기도 하고, 각자 작업한 것들을 체크하기도 하는 곳으로, 안쪽으로 들어와 있어 작업실이 복잡해 보이지 않는다.

3
벽면 긴 전신거울로 공간 확장
한쪽 벽면에 긴 전신거울을 두니 공간이 확장되어 보이는 효과가 있다. 전신거울 옆 합판 벽은 디스플레이 공간을 마련했다.

4
대형 작품을 바닥에
작업실 안쪽으로 조금 들어간 벽면에는 참여 작가의 대형 작품을 전시해 두었다. 미니 갤러리에 온 것 같은 기분이 들게 한다.

5
스포트라이트 조명으로 시선 집중
판매용 티셔츠를 컬러별로 행거에 걸어두었다. 산뜻한 컬러감이 특징. 레일 조명을 행거 쪽으로 비추면 디스플레이 효과가 살아난다.

Owner's Pick-up!

SPECIAL SPACE

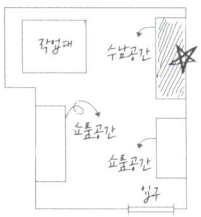

노력의 흔적이 담긴 수납공간
한쪽 벽면을 가득 채우고 있는 종이 수납박스에는 그동안 만든 원단과 새로운 디자인을 위해 구입한 장식 부자재, 각종 샘플 등 많은 것들이 담겨 있다. 작업실을 열고 지금까지 앞만 보고 달려온 노력의 흔적들이 고스란히 들어 있어 가장 애착이 가는 공간이다.

HER Self-interior IS...

갤러리를 품은 심플 화이트 인테리어

작업실 내부는 군더더기 없이 깔끔하다. 좁은 공간이 보다 넓어 보이도록 모든 벽은 화이트 컬러로 칠했다. 바닥은 어두운 블랙 컬러 톤인데 하얀 벽과 대비되어 안정감을 준다. 화이트 컬러를 메인으로 하고 티셔츠와 그림이 돋보일 수 있도록 장식 소품들도 최대한 배제했다. 직접 그린 유화 작품과 포스터, 작가가 선물한 작품을 포인트 소품으로 활용해, 그림과 티셔츠만으로 갤러리 같은 작업실을 완성했다.

TOTAL COST

공사비 　　　총 금액 약 250만원
- 외장 공사비 　큐브 간판 약 50만원, 어닝 약 40만원, 철문 페인팅 약 10만원
- 내장 공사비 　천정, 벽 페인팅 약 15만원, 조명 약 20만원, 디스플레이 장, 책상 제작 약 40만원, 기타 75만원

전자 제품 구입, 집기류 구입비 　약 250만원

Styling_tip

벽 선반장
허전한 벽면에 지인이 선물한 선반장을 달고 소장하고 있던 소품과 목재로 만든 aXT 로고 장식 등을 올려놓았다. 언밸런스한 소품 매치를 좋아하는 취향답게 개성있는 공간으로 완성되었다.

아이디어 쇼핑백
디스플레이용 액자 겸 쇼핑백으로 제작한 것. 쇼핑백으로도 활용하고 그대로 걸어 두면 액자가 되는 아이디어가 재미있다. 작업실 벽에 걸고 스포트라이트 조명으로 포인트를 준다.

직접 그린 유화 작품
벽면의 유화 그림은 그녀가 직접 그린 것. 웹툰 작가의 솜씨가 그대로 드러난다. 작품 뒤 벽면은 친한 작가가 직접 목재로 디스플레이 공간을 만든 것.

창문 포스터
원래 창문이었던 공간을 합판으로 막고 그 위에 화이트 컬러로 페인팅을 했다. 그리고 스페인 여행에서 사온 스페인 작가의 포스터를 붙이고 로이 리히텐슈타인의 미니 액자도 올려 두었다.

HANDMADE SIGNBOARD & DOOR
₩50,000 이하

STEP 01
입간판 제작하기
디스플레이 장을 의뢰했던 목공소에서 무료로 만들어 준 입간판 디자인을 그린 후 의뢰했다.

STEP 02
화이트 컬러 페인트칠하기
벽에 칠하고 남은 페인트로 겉면을 깔끔하게 칠한다. 2번 정도 반복한다.

STEP 03
aXT 로고와 심볼 넣기
로고와 심볼을 그린 후 스탠실처럼 콕콕 페인트를 찍어서 입간판에 넣는다.

STEP 04
철문은 페인팅으로 빈티지하게
살짝 부식된 철문의 느낌을 주고 싶어서 그레이, 브라운 등 페인트를 여러 겹 바르고 긁어 냈다.

CLOSE-UP

7평

핸드메이드 자전거 공방 <DITOBICI>
행복을 담는 선물포장 공방 <아우름>
두 남자의 청춘 가주 공방 <앰퍼샌드>
패션 디자이너 연습실 <HUNK FACTORY>

라이더들의 집합소
핸드메이드 자전거 공방
7평

MINI INFO
작업실 명 DITOBICI(디토비치)
오너 바이크 프레임 빌더 김성태
컨셉트 자전거 공방 + 쇼룸
규모 7평
보증금 3000만원 **임대료** 월 150만원
위치 서울시 마포구 서교동 478-3
문의 http://ditobici.com 070-8887-7784

HIS Workroom IS...

"오리지널 핸드메이드 자전거를 제작하는 자전거 공방이에요.
라이더의 취향이나 신체 조건 등을 고려해 자전거 프레임을 만들고,
그들이 원하는 컬러로 도색을 하거나 무늬를 넣기도 하지요.
세상에 하나 밖에 없는 자신을 위한 자전거를 갖고 싶어 하는
마니아들로 북적이는 곳이랍니다.
작업실은 자전거 제작에 편리하도록 내부 인테리어
구상부터 시공까지 모두 셀프로 완성했어요."

  **DAILY SCHEDULE**

14:00	작업실 오픈, 청소
15:00	이태리, 영국, 대만 자전거 업체에 수입 오더 등의 메일 처리, 기타 업무
16:00 ~ 마감(다음날 새벽)	자전거 제작 작업, 자전거 상담

HIS Opening Story IS...

▶ **손재주 많은 청년의 귀향, 그리고 자전거**

김성태 씨는 어릴 때부터 뚝딱뚝딱 만드는 것을 좋아했다. 혼자 힘으로 만들 수 있는 것은 모두 만들어 볼 정도로 손재주가 좋았다. 막연히 손으로 무언가를 만드는 직업을 갖고 싶다고 생각했고, 유독 자전거를 좋아했던지라 직접 자전거 만들기에 도전했다. 대학도 휴학하고 오로지 자전거를 배우고 만드는 데 몰두하기 위해 고향인 강원도 영월에 내려갔다. 공장을 운영하던 아버지의 도움으로 변두리 컨테이너 박스에 작업실을 마련해 폐자전거를 분해하거나, 낡은 자전거를 리폼해 새 자전거로 만들어 보기도 했다. 배울 곳도 마땅찮아 무조건 닥치는 대로 분해해 보고 만들어 보고 그렇게 자전거를 배워 갔다.

▶ **젊음의 거리 홍대, 한적한 서교동**

어느 정도 자전거 만들기에 자신감이 붙자 다시 서울로 향했다. 서울에서 작업실을 찾으면서 가장 눈여겨본 곳이 바로 홍대 근처였다. 예술을 좋아하는 사람들이 북적이는 분위기가 좋았고, 아기자기하면서도 개성 넘치는 공간들이 많은 것도 마음에 들었다. 무엇보다 젊은 라이더들과 어울리기에도 안성맞춤이었다. 하지만 번화한 곳은 경제적으로도 부담스러웠고 제작 특성상 시끄러운 소음이 많은 만큼 좀 더 조용한 곳이 필요했다. 그래서 선택한 동네가 바로 서교동이다. 상업 시설보다 사무실이 많아 조용하고 아늑하고 편안한 동네 분위기도 마음에 쏙 들었다.

▶ **손가락 자전거, 디토비치**

그의 작업실 이름인 'DITOBICI'는 이태리어다. 'DITO'는 손가락, 'BICI'는 자전거, 즉 '손가락 자전거'라는 의미다. 손으로 만드는 자전거라 이런 이름을 붙였고, 자전거 부품 소재 대부분을 이태리에서 수입하기 때문이기도 했다. 어

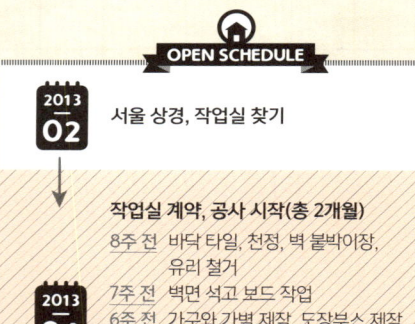

OPEN SCHEDULE

2013-02 서울 상경, 작업실 찾기

작업실 계약, 공사 시작(총 2개월)
- 8주 전 바닥 타일, 천정, 벽 붙박이장, 유리 철거
- 7주 전 벽면 석고 보드 작업
- **2013-04** 6주 전 가구와 가벽 제작, 도장부스 제작
- 4주 전 벽면, 천장 페인팅
- 3주 전 바닥 우레탄 방수 페인트 작업
- 2주 전 외부 방부목 작업
- 1주 전 집기류 구입, 인테리어 스타일링

2013-06 오픈

3가지 컬러를 믹스해 경쾌하고 산뜻한 느낌을 주는 자전거 프레임.

지인이 해외여행에서 사다 준 앤티크 자전거 소품. 그가 아끼는 애장 소품 중 하나다.

바퀴 중심에 들어가는 부품인 허브. 직접 수입한 부품을 판매한다.

크랭크라고 하는 자전거 앞 기어. 질 좋은 부품을 구입하려고 하는 이들이 주로 구입한다.

자전거 페달. 자전거 관련 부품들도 다양하게 전시되어 있다.

자전거 페달에 다는 발걸이인 토클립. 디토비치에서 직접 구매 가능하다.

느덧 서교동에 자리를 잡은 지도 1년이 훌쩍 지났고, 이제는 소문을 듣고 디토비치를 찾아오는 라이더들도 많아졌다. 무엇보다 이제 그는 국내에서 손꼽히는 자전거 제작 프레임 빌더로서의 명성을 쌓고 있는 중이다.

▶ **좋아한다면 도전!**

그는 자전거 제작에 관심이 많고 무엇보다 자전거를 좋아한다면 프레임 빌더에 과감하게 도전해 볼 것을 권한다. 하지만 시작하기 전에 자리 잡기까지 시간이 생각보다 많이 걸리고, 공부해야 할 것도 많다. 직접 부품 등을 구입해 와야 하기에 외국어도 능통해야 하고, 체력적으로도 힘든 직업임도 놓쳐서는 안 된다. 완성품이 나올 때의 기쁨은 무엇보다 크지만 그 이면에 스스로 해결하고 개척해 나가야 할 일도 많기 때문이다. 자전거가 좋아서 무턱대고 '나도 해볼까'하는 생각으로 시작했다가 버티지 못하고 쉽게 포기하는 사람들을 많이 보아왔다. 그리고 엄연히 작업실도 직장인 만큼 수익이 만들어지도록 하기 위해서는 남들이 하지 않는 노력까지도 해야 성공할 수 있다고 조언한다.

HIS Space IS...

바닥부터 천장까지 수납공간 찾기

핸드메이드 자전거를 위해서는 필요한 공구나 장비가 생각보다 훨씬 많다. 그만큼 수납공간이 절실했다. 작업실 안벽이나 천장을 적극 이용했는데 부피가 큰 바퀴는 천장에 고정 고리를 설치해 수납했고 프레임 또한 벽에 고리를 달아 걸었다. 그리고 창문 위와 작업대 아래에 선반과 별도의 수납 박스를 이용해 여러 가지 공구와 페인트, 오일 등을 수납했다.

1

가벽 창문 위 선반과 레일 조명

가벽 창문 위 빈 공간에도 선반을 설치해 비교적 자주 쓰이지 않는 공구들을 올려 두었다. 바깥쪽에서는 잘 보이지 않는 공간이라 지저분해 보이지 않아서 굿. 선반 위 레일 조명은 작업대를 비춰서 작업하기에 편리하도록 했다.

2

시선이 잘 가지 않는 위쪽 공간 이용

바퀴나 프레임은 시선이 잘 닿지 않는 천장이나 위쪽 벽 쪽으로 고리를 고정시켜 수납했다. 덕분에 좁은 작업실이 넓어 보인다. 빈티지한 바퀴나 핸드메이드 프레임은 인테리어 효과를 내기에도 안성맞춤.

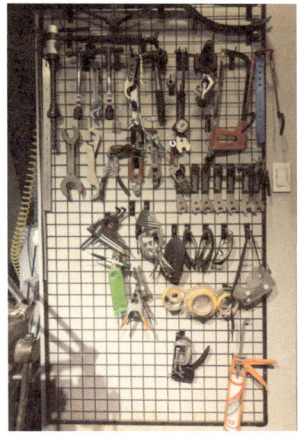  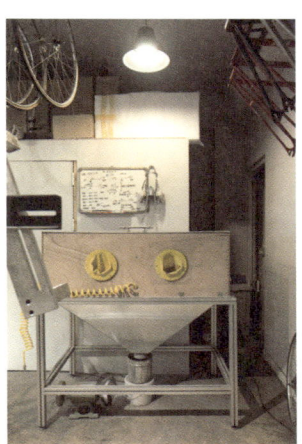

3
자주 쓰는 공구는 벽에
벽에 그물망 수납 펜스를 설치해 사용할 때마다 쉽게 꺼내 쓸 수 있도록 했다. 한눈에 공구들을 볼 수 있어서 작업할 때도 편리하다.

4
작업대는 ㄱ자형으로 동선을 짧게
메인 작업대는 창 쪽으로 ㄱ자형이 되도록 배치했다. 두 작업대를 번갈아 가면서 사용할 수 있어 편하고 동선이 짧아 작업하기에 수월하다.

5
동선을 고려한 설치
작업 동선을 짧게 하기 위해 샌딩 기계는 도장 작업실 바로 앞에 두었다. 바로바로 원하는 작업을 할 수 있어 작업의 효율성도 높아졌다.

Owner's Pick-up!

SPECIAL SPACE

 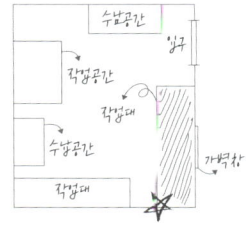

직접 만든 목재 가벽 창
쇼룸에서 작업실이 들여다보이는 가벽 창은 직접 만들어서 더욱 애착이 가고 작업실이 훤히 보여서 좋아하는 공간이다. 창 아래에 2단 선반을 설치해 미니 부품 판매대로 활용한다. 선반도 직접 목저상에서 구입해서 자른 후 벽에 설치한 것.

HIS Self-interior IS...

마초남의 터프함이 매력적인 작업실

거친 작업이 많은 만큼 그의 작업실은 수많은 공구로 넘쳐난다. 언뜻 보면 아무렇게나 있는 듯 보이지만 작업 동선에 맞춰 편리하도록 위치를 배열했다. 그리고 필요한 작업대나 선반 등은 모두 직접 목재를 사와서 페인팅하고 벽에 달았다. 학창 시절에 기능올림픽에 출전했을 만큼 목공 솜씨도 수준급. 웬만한 목공 작업은 손수 할 정도다. 작업실 안쪽에 있는 도장부스도 그가 직접 문을 달고 벽을 만들어 제작했다. 작업실 내부 벽과 천장은 라이트 그레이 컬러 페인트로 마감했다.

 TOTAL COST

공사비	총 금액 약 270만원
▶ 외장 공사비	간판 제작 약 40만원, 방부목 작업 약 30만원
▶ 내장 공사비	페인트, 바닥 우레탄 약 20만원, 조명 약 10만원, 망입유리 약 10만원, 가벽 제작, 도장부스 제작 약 100만원, 기타 약 60만원
상품 매입비	약 300만원

Styling tip

그레이 페인팅
깔끔하면서도 빈티지한 느낌을 내고 싶어 작업실 벽면은 은은한 그레이 톤 페인트를 골랐다. 벽에 석고보드를 붙인 후 그 위에 페인팅을 하면 보다 깨끗하게 발리는 장점이 있다.

망입유리
작업실과 쇼룸을 구분하는 가벽에 작업실이 보이도록 창을 만들었다. 망입유리는 유리 가게에서 주문해 직접 설치한 것. 감각적인 센스가 엿보이다.

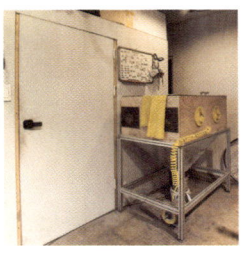

방부목 외관
작업실 외벽은 방부목을 일일이 붙였는데, 내추럴한 분위기를 주면서 편안함이 돋보인다. 작업하는 모습을 누구나 볼 수 있도록 창은 그대로 두었다.

셀프 도장 부스
도장 작업은 냄새도 많이 나고 페인트도 날릴 수 있어 별도의 공간이 필요했다. 목공소에서 목재를 구입해 와 가벽을 만들고 문도 직접 달았다. 블랙 컬러 손잡이로 포인트.

SELF PAINTING & FLOOR ₩200,000

STEP 01

벽에 합판 대기
고르지 못한 벽면을 매끄러워 보이게 하기 위해 석고보드를 대고 고정한다.

STEP 02

벽과 천장 페인팅하기
화이트 컬러 페인트를 롤러를 이용해 천장과 벽 모두 2번 정도 바른다.

STEP 03

바닥 타일 제거하기
접착제로 붙어 있던 바닥 타일을 일일이 떼고 깨끗하게 청소한다.

STEP 04

우레탄 페인트 바르기
바닥에 우레탄 페인트를 붓고 롤러로 깨끗하고 고르게 편다.

가슴 따뜻한 행복을 담는
선물포장 공방

7평

MINI INFO

작업실 명	AUREUM(아우름)
오너	포장 공예가 이승현, 김희정, 이은지
컨셉트	포장 공방 + 액세서리 편집숍
규모	7평
위치	서울시 서초구 방배로 234-10
문의	blog.naver.com/aureum1711 02-537-5955

THEIR Workroom IS...

"선물 받는 사람도, 선물하는 사람도 행복하게 만드는 선물포장 공방이에요. 아우름은 '여럿을 모아 하나가 되게 하다'라는 뜻의 순 우리말인데, 그 뜻처럼 현대적인 감각과 전통 소재를 아우러서 보다 더 멋진 작품이나 관계가 하나로 창조된다는 의미로 지은 이름이랍니다. 선물포장뿐만 아니라 예단 포장, 기업체 포장 컨설팅을 하며, 핸드메이드 소품 편집매장으로도 사용하고 있어요."

DAILY SCHEDULE

10:30	작업실 오픈
11:00	정리, 수업 준비 등
13:00 ~ 18:00	외부 강의, 레슨, 주문 작업
18:00 ~ 19:00	저녁 레슨 및 주문 작업

***포장 레슨** 일대일 수업으로 레슨 시간은 개별적으로 정함.
자격증을 받을 수 있는 정규코스 레슨은 1년 과정. 취미반은 5회.

THEIR Opening Story IS...

▷ **세 여자의 만남**

아우름의 주인은 이승현, 김희정, 이은지 씨 3명이다. 선물포장을 좋아하고 리본아트에 관심이 많던 세 여자는 선물포장 자격증 반에서 인연을 맺은 후 함께 일하는 파트너가 되었다. 자격증을 취득하고 프리랜서로 활동하면서 보다 본격적으로 일을 하고 싶다는 마음에 의기투합했다. 혼자 하기에는 두려움이 컸던 터라 '셋'이라는 숫자가 서로의 단점을 보완하고 서로에게 의지하기에 더욱 좋았다. 간혹 의견 차이를 보이는 부분에서도 한 사람이 중재의 역할을 하니 오랫동안 갈등이 생기거나 의견 차로 인해 일에 차질이 생기는 일도 드물었다.

▷ **1.5평, 그리고 7평 작업실**

지금의 작업실은 그녀들의 두 번째 작업실이다. 첫 작업실 역시 방배동 사이길에 있었는데 규모는 지금보다 훨씬 작았다. 1.5평에 포장 재료 보관대와 작업대, 그리고 작은 쇼룸까지 갖춰야 했다. 작업실이 워낙 작다 보니 아예 지하 공간에 따로 작업실을 두고 주문이 많을 때는 그곳에서 작업을 하기도 했다고. 결국 지금의 7평 규모의 작업실로 이사를 결정했다. 그동안 장소가 협소해서 많이 하지 못했던 클래스도 더욱 활발하게 진행하고, 다양한 포장 작품들을 전시할 작지만 멋진 쇼룸도 만들었다. 그리고 한쪽에는 핸드메이드 작가들을 위한 액세서리 쇼룸도 마련했다.

▷ **방배동 사이길 터줏대감**

요즘은 다양한 볼거리로 유명해진 방배동 사이길이지만 불과 1~2년 전에는 오래된 방앗간과 세탁소가 있던 작은 골목이었다. 그러다 점점 작업실이나 리빙숍, 베이커리 등이 들어오면서 방배동의 가장 핫한 거리로 떠올랐다. 사실 이렇게 유명세를 탄 데에는 터줏대감 역할을 톡톡히 한 그녀들의 노력도 컸다. 사이길이

OPEN SCHEDULE

2014-07 작업실 계약

공사 시작 (총 5주)
- 5주 전 청소, 외관 철판 작업, 내부 합판 작업 의뢰
- 4주 전 내부 벽지 작업, 전기 작업
- 3주 전 수납장 의뢰, 벽 찬넬 선반 구입
- 2주 전 입구 철문 작업 및 페인팅 작업, 바닥 작업
- 1주 전 반제품 가구 조립, 정리, 인테리어 스타일링

2014-08 오픈

명절 선물 포장으로 많이 나가는 포장 디자인으로 전통적인 문양의 포장지와 포장 끈이 색다르다.

졸업식이나 입학식을 위한 초콜릿 부케 포장. 흔히 주문용으로 제작되는데 원하는 스타일로 만들어 준다.

포장용 리본은 동대문, 남대문, 고속 터미널 등지에서 구입하거나 거래하는 수출업체를 통해서 구하기도 한다.

전시회를 위해 제작했던 포장으로, 생화 느낌 나는 조화를 이용해 로맨틱하게 연출했다.

전통 보자기를 이용한 포장으로, 예단 포장 시 주로 사용하는 아이템들이다.

밀짚이나 나무 끈 등은 내추럴 스타일의 포장에 유용하게 쓰이는 재료들이다. 포장지는 결 무늬가 있는 디자인.

유명해지기 훨씬 전부터 자리를 잡고 사이길을 사람들이 많이 찾도록 프리마켓이나 축제를 개최하는 일에 적극적으로 참여했다. 그래서 사이길에 사람들이 발걸음이 많아진 것이 무엇보다 기쁘고 뿌듯하다.

▶ **때론 갤러리로, 공예품 전시장으로**
아우름은 단순히 선물을 포장하는 일에만 그치지 않고 다양한 분야에 포장을 활용하는 일들을 진행한다. 작가의 작품을 근사하게 포장하는 일이라든지, 외국으로 보내지는 병풍을 포장하는 일들처럼 좀 색다르고 특별한 일들을 기획한다. 그리고 가끔 전혀 색다른 공간으로 탄생하기도 한다. 근처 갤러리와 함께 작품을 전시하는 갤러리로 변신하기도 하고, 공예 작가들의 작품을 전시, 판매하기도 한다. 숍을 시작하는 이들을 위한 창업 컨설팅도 함께 한다. 이 모든 것은 세 사람이 각자 다른 업무를 맡고 있기 때문에 가능하다. 김희정 씨는 디자인 작업과 컨설팅을, 이승현 씨는 외부 강의를, 이은지 씨는 홍보와 작업실 안살림을 맡고 있다.

THEIR Space IS...

수납공간을 최대한 늘려 깔끔하고 넓어 보이게

포장지, 리본 등 포장 재료 등 많은 짐은 콤팩트하게 짜 넣은 수납장으로 해결했다. 리본을 넣어 두는 수납장은 바닥에 롤러를 달아 사용하기에도 편하다. 수많은 포장지는 구겨지지 않도록 걸어 두는 걸이를 따로 설치했다. 쇼룸과 클래스가 열리는 공간과 안쪽 미니 사무실, 그리고 포장지를 놓는 수납공간을 분리하기 위해 가벽을 설치했는데 덕분에 넓어 보이는 효과를 보았다.

1
벽면에 슬라이드 장을 넣어 수납을 편리하게

입구에서 보이는 왼쪽 벽은 포장 리본을 수납하기 위해 슬라이드 장을 짜 넣었다. 2단으로 되어 있어 앞쪽과 뒤쪽 모두 활용 가능해 많은 리본을 수납할 수 있다. 위, 아래에 문을 달아 지저분해 보이는 짐들을 넣었다.

2
핸드메이드 액세서리 작가를 위한 미니 쇼룸

입구에서 바로 만나는 오른쪽 벽은 액세서리 쇼룸이다. 다양한 핸드메이드 제품에도 관심이 많아 핸드메이드 작가들의 액세서리 작품들을 받아서 위탁판매를 하거나 구입해서 판매하기도 한다.

3
돌출 벽은 미니 전시장으로

입구의 돌출 벽도 다각도로 활용한다. 키 높은 곳에는 선반을 달아 포장 샘플을 올려 두고 낮은 곳에는 다양한 카드와 포장 백을 전시한다.

4
가벽 뒤에는 미니 오피스

클래스를 하는 넓은 공간 외에 작아도 사무 업무를 볼 수 있는 미니 오피스 공간이 필요했다. 답답해 보이지 않도록 가벽을 가슴 높이로 설치했다.

5
맞춤장으로 수납 효과 최대화

포장에 들어가는 자잘한 용품들을 깔끔하게 수납하기 위해 맞춤형 붙박이장을 설치하였다. 화이트 컬러를 선택해 답답함을 없앴다.

Owner's Pick-up!

SPECIAL SPACE

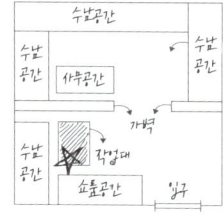

창의적인 아이디어가 쏟아지는 작업대

포장을 좋아하는 이들을 위한 클래스가 열리고, 톡톡 튀는 아이디어로 선물포장이 완성되는 작업대 공간이 그녀들에게는 가장 특별하다. 여럿이 앉아도 넉넉한 널찍한 작업대는 수업을 위해 가장 편한 사이즈를 고려해 직접 제작 의뢰한 것이라 더욱 의미가 있다.

THEIR Self-interior IS...

컬러에 악센트를 준 심플 모던 스타일

아우름 작업실 내부는 심플하면서 깔끔하다. 메인 컬러를 화이트로 정해 전체적으로 넓어 보이도록 했고, 여기에 나무 컬러와 은은한 파스텔 톤 컬러를 믹스했다. 화이트 수납장을 양쪽 벽면에 설치해 복잡한 짐들을 모두 넣어 한눈에도 깔끔하다. 수납장이라든지 합판 공사 등은 공사가 커서 인부를 통해 작업을 했지만 간판 페인팅이라든지 미니 원목 수납장 등은 모두 반제품을 주문해 직접 조립하고 칠을 해서 완성했다.

TOTAL COST

공사비   총 금액 약 1,300만원

➡ **외장 공사비**   외관 철판 작업과 데크 작업 약 300만원
➡ **내장 공사비**   철거 약 100만원,
　　　　　　　　　방수 합판 작업 약 200만원,
　　　　　　　　　바닥 데코타일 약 60만원,
　　　　　　　　　수납장 약 300만원,
　　　　　　　　　전기, 도배 약 120만원
　　　　　　　　　기타 약 220만원

Styling tip

벽 선반장
미니 사이즈의 벽 선반장은 인터넷으로 반제품을 주문해 직접 조립해서 만들었다. 자연스러운 나무 빛깔이 나는 스테인을 칠하고 친환경 바니시로 마무리했다. 2단으로 되어 있어 수납력도 굿이다.

틈새 수납
가벽 안쪽 공간에 미니 선반을 달아 조각 포장지를 보관한다. 미니 선반 앞에는 다양한 포장지를 수납할 수 있는 걸이를 따로 설치했다. 가벽 뒤쪽에 있어 지저분해 보이지 않는다.

벽 보드 진열대
액세서리를 전시하는 쇼룸의 벽 진열대는 우드락을 이용한 것. 여러 가지 사이즈로 자른 후, 옥스퍼드 원단을 붙였다. 패브릭으로 마감해 간단하게 핀만으로도 액세서리를 쉽게 진열할 수 있다.

포장지 데커레이션
포장을 하다보면 자잘한 자투리 포장지가 남기 마련. 버리지 않고 돌돌 말아 수납함에 꽂아 두면 그것만으로도 포장 공방에 좋은 인테리어 소품이 된다.

SEMI SELF DOOR PAINTING ₩400,000 이하

STEP 01

철거 후 청소하기
입구 철문 창에 있던 세탁소 표시 시트지를 제거하고 청소를 한다.

STEP 02

외관 작업 후 페인트 컬러 정하기
외관 철판 작업을 따로 의뢰한 후 포인트가 되는 페인트 컬러를 정한다.

STEP 03

브러시를 이용해 꼼꼼하게 칠하기
롤러와 브러시를 이용해 전체적으로 꼼꼼하게 칠한다. 여러 번 말리고 덧바른다.

STEP 04

간판 글씨 스티커 제작 후 붙이기
간판 부분에 페인팅칠하고 글씨를 제작해 붙인다.

청춘의 꿈과 열정을 키우는
가죽 공방
7평

> **MINI INFO**
>
> **작업실 명** &(앰퍼샌드)
> **오너** 가죽 공예가 임형찬, 강인종
> **컨셉트** 가죽 공방 + 레슨 + 숍
> **규모** 7평
> **보증금** 500만원 **임대료** 월 40만원
> **위치** 서울시 용산구 우사단로 10길 111
> **문의** ampersandleather.com / 02-6239-6240

THEIR Workroom IS...

"섬세하고 부드러운 남자와 터프하고 거친 남자의 공동 공간이에요. 닮은 듯 다른 두 남자의 열정이 가득한 곳이죠. 손끝으로 전해지는 가죽의 부드러운 감촉에 시간 가는 줄 모르고 작업하며 하루를 보냅니다. 우리에겐 청춘 공방이지요. 가방부터 액세서리, 바이크 소품 등 가죽으로 만들 수 있는 모든 것을 창작하고, 가죽공예를 배우고 싶어 하는 이들을 위해 클래스도 열고 있답니다."

DAILY SCHEDULE

10:00	작업실 오픈, 청소
11:00	쇼핑몰 사이트 체크, 레슨 준비
13:00 ~ 22:00	주문 제품 제작, 디자인 연구, 레슨 *요일에 상관없이 수시로 시장 조사
22:00(혹은 다음날 새벽)	퇴근

***가죽공예 레슨** 원데이 클래스, 2개월 정규 과정 모두 예약제

THEIR Opening Story IS...

▷ **디자이너와 바이크 마니아의 만남**

두 남자의 스토리는 둘이 보여 주는 스타일의 차이만큼이나 흥미진진하다. 애초 이곳은 임형찬 씨가 개인 공방서 두 달간 가죽공예를 배운 뒤 혼자 연습 공간으로 쓰던 개인 연구실 겸 작업실이었다. 직장 생활을 하며 모은 돈으로 작업실을 구하고 필요한 장비를 들이고 나머지는 셀프로 해결했다. 당장 물건을 팔거나 레슨을 할 정도는 아니라고 생각했기에 자신이 원하는 디자인을 하고 다양하게 만들어 보면서 실력을 쌓을 생각이었다. 그러다 한발 일찍 가죽공예를 시작한 바이크 마니아 강인종 씨를 만나게 되고, 파트너가 되었다. 둘이 힘을 합치니 가죽공예 레슨에 제품 판매까지 일이 커졌다.

▷ **다른 두 남자의 2인 작업실**

주로 디자인과 온라인 숍을 담당하는 임형찬 씨는 섬세하고 부드러운 스타일이다. 그의 작품은 심플하면서도 모던하고 군더더기 없이 깔끔하다. 반면에 강인종 씨는 바이크 마니아답게 터프하면서도 거친 매력의 유니크한 스타일을 추구한다. 가죽을 사랑하는 마음은 닮았지만 스타일은 확연히 다른 두 남자의 서로 다른 작품은 앰퍼샌드만의 독특하면서도 색다른 이미지를 만들어 냈다. 그리고 이 모습은 그들의 공방 이름과도 묘하게 닮았다. 'and'를 뜻하는 기호 '&'는 앞으로도 계속 이어진다는 뜻이다.

▷ **오래된 골목의 매력**

작업실을 열 마땅한 곳을 찾던 중 우연히 알게 된 우사단길. 이 오래되고 낡은 골목은 임형찬 씨의 마음을 묘하게 움직였다. 분명 화려하고 번화한 이태원의 한 곳인데 서울 같지 않은, 현대적이지 않은 분위기가 편안했다. 그리고 막 자신의 꿈을 시작하는 자신과 비슷한 청춘들이 이곳에 많다는 사실이 묘하게 든

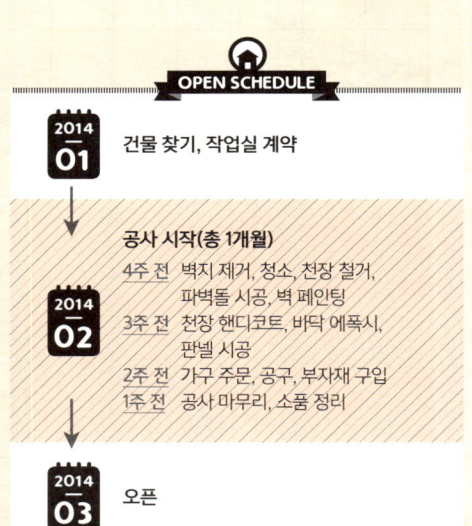

OPEN SCHEDULE

2014-01 건물 찾기, 작업실 계약

2014-02 공사 시작(총 1개월)
- 4주 전 벽지 제거, 청소, 천장 철거, 파벽돌 시공, 벽 페인팅
- 3주 전 천장 핸디코트, 바닥 에폭시, 판넬 시공
- 2주 전 가구 주문, 공구, 부자재 구입
- 1주 전 공사 마무리, 소품 정리

2014-03 오픈

통가죽의 거친 매력이 그대로 묻어나는 팔찌는 바이크 마니아들에게 사랑 받는 아이템.

가죽을 다루는데 필요한 도구들. 세심한 공정을 필요로 하기 때문에 다양한 도구들을 사용한다.

색색의 가죽 실은 그 자체만으로도 멋스러운 인테리어 소품이 된다. 주로 진열대 선반에 올려 둔다.

모던한 감각을 좋아하는 디자이너의 감각이 그대로 묻어나는 레드 컬러의 가죽 클러치.

직장인을 위한 크로스백은 베스트셀러 제품 중 하나. 클래식한 멋과 실용성을 강조했다.

천연 통가죽으로 만든 크로스백. 톤 다운된 블루 컬러가 빈티지하면서 모던한 느낌을 준다.

컬러감이 돋보이는 코끼리 키홀더. 앙증맞은 디자인으로 앰퍼샌드의 베스트셀러 중 하나.

자투리 가죽 원단으로는 작은 수납함 이나 가격표를 만들기도 한다.

심플하고 세련된 빈티지 레드 컬러가 고급스러움을 더하는 미니 크로스백.

든했다. 요즘은 유명세 탓에 이전보다 북적거리지만 지금의 편안하고 정감 있는 이 분위기를 잃지 않았으면 하는 작은 바람이다.

▷ **개성이 묻어나는 색다른 콘셉트**

가죽을 사랑하고 자신이 좋아하는 작품, 자신만의 브랜드를 만들어 보겠다는 꿈을 가지고 있지만 사실 현실은 녹록치 않다는 게 그들의 생각이다. 단순히 꿈만 가지고 무작정 덤벼들기보다 자신만의 새로운 콘셉트를 찾고 스스로 시장을 개척해 나가야 한다고 조언한다. 가죽공예의 특성상 대량화해 수량을 많이 만들 수도 없고, 브랜드 파워로 높은 판매율을 기록할 수도 없기 때문이다.

THEIR Space IS...

작업실의 가장 안쪽은 사무를 보고 작은 제품을 만드는 제법 큰 책상을 놓았다. 그리고 입구에서 오른쪽은 키 낮은 수납장을 두어 각종 부자재를 수납하고, 왼쪽 판넬 벽면에는 원목 선반과 못을 달아 다양한 가방을 전시할 수 있도록 했다. 작업실 중앙에 놓인 긴 테이블은 클래스 공간이자, 규모가 큰 제품을 만들 때 쓰는 작업대로도 활용한다.

1
벽 전면을 전시 공간으로
벽을 여러 용도로 나눠 쓰기보다는 전면을 전시 공간으로 활용해 공간이 보다 넓어 보이도록 신경 썼다. 목공소에서 구입한 우드 판넬을 벽에 고정한 후 선반을 달아 완성. 판넬 곳곳에 못을 박아 가방과 액세서리를 전시한다.

2
소재 및 컬러 차이로 확실한 공간 분리
작은 공간을 다목적으로 활용하기 위해서는 공간 구분이 필수다. 그들이 선택한 방법은 소재와 컬러의 차이. 한쪽 벽을 다크 블루 컬러의 벽돌 공간으로 꾸며, 완벽히 다른 공간으로 보이게끔 했다.

3
키 낮은 수납장과 선반 진열대
반 조립 가구를 주문해 키 낮은 수납장을 만든 다음, 그 위에 원목으로 선반을 만들어 올렸다. 미니 액세서리를 전시해 메인 진열대로 활용한다.

4
키 높은 책장으로 가벽 효과
작업실의 가장 안쪽에는 미니 싱크대가 있다. 이를 커버하기 위해 입구에서 바로 보이는 곳이라 키 높은 책장으로 가벽을 만들었다.

5
책상 뒤쪽은 개인 공간으로
작업대 겸 사무용 책상은 벽에 붙이지 않고 띄워서 책상 뒤를 수납공간으로 활용했다. 자질구레한 부자재를 모두 수납한다.

Owner's Pick-up!

SPECIAL SPACE

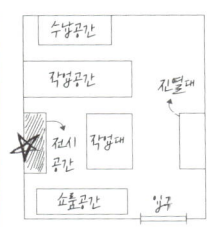

앰퍼샌드만의 주력 아이템이 한곳에

판넬 벽은 앰퍼샌드의 메인 디자인인 심플하면서도 디테일한 제품들을 한눈에 볼 수 있는 공간이다. 작업실을 찾는 사람들이 이곳에서 앰퍼샌드만의 스타일을 직접 만나 보았으면 하는 바람에서 만들었다. 목공소와 을지로 자재 상가에서 구입한 판넬과 원목 선반, 선반 고정대를 직접 설치해 그만큼 애착도 많이 간다.

THEIR Self-interior IS...

이국적인 파란 벽이 돋보이는 우드 공간

처음 작업실을 구상했을 때는 원목을 사용해 내부를 오두막처럼 만들고 싶었다. 농가의 한적한 공예 작업실처럼. 하지만 원목으로 인테리어를 모두 하기에는 비용이 만만치 않았다. 고심하던 중 우연히 들렀던 한 카페에서 파란 벽을 보자 '이거다'하는 생각이 들었다. 그렇게 한쪽 벽은 우드로, 나머지 한쪽 벽은 파벽돌을 붙인 후 다크 블루 컬러의 페인트칠해 색다른 작업실을 완성했다.

ⓦ TOTAL COST

공사비 총 금액 약 184만원
- ➡ **외장 공사비** 간판 시트지 약 4만원
- ➡ **내장 공사비** 바닥 에폭시 약 10만원, 페인트 약 20만원, 조명 약 40만원, 철거 약 50만원, 차 약 6만원, 인테리어 소품비 약 54만원

공구, 기계, 원단 구입비 약 200~300만원

Styling tip

병 수납
크기가 작고 자주 쓰는 가죽 부자재들은 잼이나 소스, 음료수 병들을 재활용했다. 투명 병들은 보관하기에도 좋고 어떤 게 들어 있는지 쉽게 알 수 있어서 실용적이다.

파벽돌 페인팅

한쪽 벽에 벽돌 느낌을 주고자 파벽돌을 붙이고 다크 블루 컬러의 페인트를 칠했다. 파벽은 표면이 울퉁불퉁해 일반 페인트 붓이 아닌 미술용 붓으로 점을 찍듯 칠해야 잘 칠해진다.

원목 수납함
망치나 재단용 칼, 송곳 등 자주 쓰는 도구는 별도의 수납함을 만들었다. 목재를 작업대 크기에 맞춰 자른 후 자투리 가죽으로 고정시켜 작은 수납 케이스를 완성했다.

자투리 목재 걸이
디자인 도면이나 급한 메모를 걸어 두는 보관걸이는 자투리 목재를 활용했다. 쓰고 남은 목재를 알맞은 길이로 자른 다음 벽에 붙이고 일정한 간격으로 못을 박아 주었다.

CLOSE-UP

SELF BRICK PASTE
₩90,000

STEP 01
벽지 제거
기존에 있던 벽지를 헤라 등을 이용해 모두 깨끗하게 제거한다.

STEP 02
파벽돌에 접착제 바르기
벽에 붙일 파벽돌을 준비하고 한쪽 면에 접착제를 바른다.

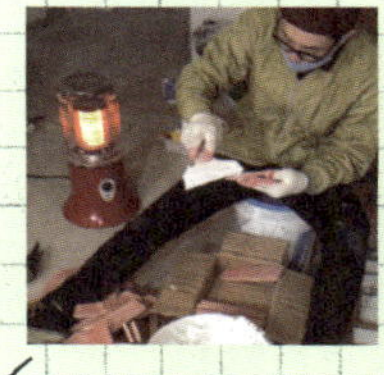

STEP 03
엇갈리게 꼼꼼하게 붙이기
미리 접착제를 발라 둔 파벽돌을 벽에 서로 엇갈리게 붙인다.

STEP 04
페인트칠하기
접착제가 완전히 마르고 나면 블루 컬러 페인트를 꼼꼼하게 바른다.

패션 디자이너를 향한 팩토리
디자인 연습실
7평

MINI INFO

작업실 명	HUNK FACTORY(헝크팩토리)
오너	패션 디자이너 준비생 김규선
컨셉트	패션 디자인 & 리폼 작업실
규모	7평
위치	경기도 의정부시 가능동 663
문의	instagram.com/callmehunk

HIS Workroom IS...

"의상 패턴 공부도 하고, 구제 옷 리폼도 하는 연습실 같은 작업실입니다. 아무런 방해도 받지 않고 혼자만의 작업에 몰두할 수 있는 공간이죠. 이곳에 있으면 시간이 어떻게 가는지 몰라요. 환한 대낮에 왔다가 깜깜한 새벽에 작업실을 나서는 게 다반사죠. 패션 디자이너의 꿈을 이루기 위해 오늘도 열심히 작업실에서 재봉틀을 돌리고 있답니다. 작업실 내부는 경제적인 부담을 덜해 위해 간단히 페인팅만 해서 꾸몄어요."

 **DAILY SCHEDULE**

12:00	작업실 오픈, 청소
13:00	디자인 연구
14:00 ~ 18:00	의상 패턴 연습, 의상 리폼
19:00 ~ 마감	의상 디자인 작업, 리폼 주문 작업(작업 내용은 그때그때 달라짐)

HIS Opening Story IS...

▷ 패션 디자이너의 꿈
20대 청춘의 한가운데, 김규선 씨는 새로운 도전이 한창이다. 자신의 이름을 내건 패션 브랜드 론칭이 그의 목표다. 20대를 훌쩍 지났으니 다소 늦은 도전이라고 할 지 모르지만 자신이 정말 하고 싶어 하는 일을 시작한 만큼 하루하루가 즐겁고 신이 난다. 그는 대학에서 춤을 전공했다. 춤을 좋아해서 대학 진학도 댄스 학과로 정했고, 그렇게 춤을 평생 추며 살아갈 줄 알았다. 하지만 심각하게 인생의 진로에 대해 고민하면서 자신이 진정으로 원하는 것이 춤이 아니라는 걸 깨달았다. 전부일 거라 생각했던 춤을 그만두고 새로운 진로를 찾아 나서는 일은 고통 그 자체였다. 그 시기를 지나 패션 디자이너라는 새로운 목표가 생기고 그 꿈을 이루기 위해 한걸음씩 나아가는 지금이 소중하고 감사하다.

▷ 지하 창고에 꾸민 생애 첫 작업실
그는 이곳을 '작업실'이 아닌 '연습실'이라 부른다. 아직은 작업실이라 부르기에는 너무 거창하다는 게 그 이유. 원하는 패턴 디자인 연습과 의상 리폼을 마음껏 할 수 있는 공간이 절실하게 필요했지만, 아직 수입이 없기에 혼자 힘으로 근사한 작업실을 얻기는 힘든 상황이었다. 고민하던 차에 마침 어린이집을 운영하는 어머니의 도움으로 지하 창고 공간을 빌려 쓸 수 있게 되었다. 생애 첫 작업실인 만큼 어떤 스타일로 꾸밀지 한참 고민하다 평소 자신이 춤 연습을 하던 주차장 공간을 그대로 재현해 보자고 마음먹었다. 그리고 춤출 때 자신이 쓰던 닉네임을 따서 헝크팩토리라는 작업실 이름도 근사하게 지었다.

▷ 헝크의 주차장 작업실
그의 헝크팩토리는 시간이 멈춘 곳이다. 지하에 있어서 창문이 없고 햇빛도 들지 않기 때문에 작업실에 있으면 낮인지 밤인지 가늠이 가질 않는다. 벽시계도 없고, 휴대폰에서 시간을 알려 주지 않는다면 몇 시인지 알 수 없다. 어

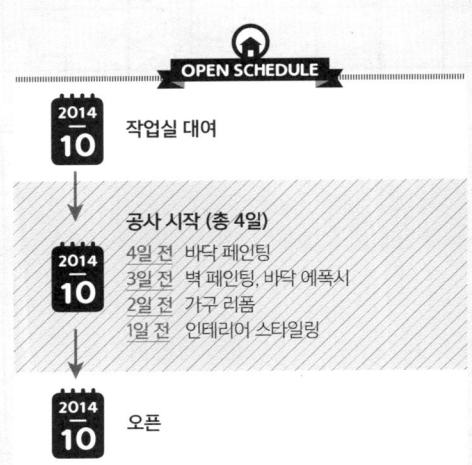

OPEN SCHEDULE

2014/10 작업실 대여

공사 시작 (총 4일)
4일 전 바닥 페인팅
3일 전 벽 페인팅, 바닥 에폭시
2일 전 가구 리폼
1일 전 인테리어 스타일링

2014/10 오픈

구제 청바지에 밀리터리 스타일로 포켓을 덧달고 바지폭을 슬림하게 줄여서 리폼했다.

직접 종이로 만든 패턴 샘플. 마네킹에 걸어 두거나 옷걸이에 걸어서 행거에 두기도 한다.

음악 작업을 하는 아버지의 레코드 판과 스피커 등으로 작업실 한쪽을 꾸몄다.

각종 스티커로 꾸민 스케이트 보드. 그가 취미 생활로 즐기는 스포츠 중 하나다.

영국 국기를 연상해 리폼한 여행용 캐리어. 여러 가지 락카를 이용해서 컬러를 입혔다.

구제 재킷을 리폼해 새로운 디자인으로 만든다. 재킷의 칼라에 원단을 덧대거나 독특한 단추를 달기도 한다.

떻게 보면 답답할 수도 있지만 그는 오히려 그런 점이 더 좋다. 몇 시인지 생각하지 않고 집중해서 작업을 할 수 있기 때문이다. 지금은 무엇보다 실력을 쌓아야 할 때라 생각하기에 방해받지 않고 작업에 몰두할 수 있는 환경이 무엇보다 마음에 든다.

▶ **또 다른 도전, 리폼 디자이너**

그는 왜소한 체격 탓에 어렸을 때부터 옷을 항상 줄여 입어야 했다. 고등학생 때는 수선비가 아까워 집에 있는 재봉틀로 직접 고쳐 입어 보겠다고 결심, 학교 앞에 있던 수선 집 할아버지에게 조금씩 미싱을 배우면서 리폼에 도전했다. 최근에는 패션 디자인 공부를 하면서 구제 옷을 구해 자신만의 밀리터리 스타일로 리폼해 판매하기도 한다. 일산이나 동대문 시장에서 구제 옷을 구한 다음 포켓이나 칼라를 변형시켜 새로운 스타일로 만드는데 개성 있는 스타일을 좋아하는 이들에게 인기다. 의상 리폼 작업도 패션 디자이너로서의 실력을 키우기 위한 연습이라 생각하고, 자신만의 스타일을 완성해 나가는 과정이라 그는 말한다. 그리고 멋진 리폼 디자이너로 자리 잡고 싶은 마음도 크다.

HIS Space IS...

소박하지만 작업하기엔 최적의 공간
그의 작업실은 작지만 넓어 보인다. 오로지 필요한 것만 놓아서 빈 공간을 많이 두었기 때문이다. 자질구레한 장식 대신에 꼭 있어야 할 작업대와 전시용 행거, 미싱 테이블, 컴퓨터 작업대, 소파만 두었다. 컬러도 모두 블랙이나 화이트 등 모노톤으로 맞춰 통일감을 주어 더 넓어 보인다. 가구들도 크기가 아담한 것들이 대부분. 대신 작업대는 큰 사이즈로 골랐다.

1
사진 촬영을 위한 포토 공간
작업실 한쪽 벽은 화이트 컬러로 칠했는데 이 공간은 리폼한 의상을 주로 촬영하는 포토 스튜디오로 활용한다. 벽을 모두 블랙으로 칠하지 않고 양 옆은 화이트로 칠해 공간이 확장되어 보이는 효과를 주었다.

2
재봉틀 테이블은 벽 쪽을 향하도록
작업대를 벽을 바라보도록 놓으면 작업 시 안정감을 주고 집중도도 높아진다. 학교 책상과 의자를 리폼한 미니 재봉틀 테이블은 입구 오른쪽 벽면이나 컴퓨터 옆 코너 벽에 두고 사용한다.

3
메인 작업대는 작업실 중앙에
의상 리폼을 위한 메인 작업대는 작업실 중앙에 두어 공간을 넓게 사용할 수 있도록 했다. 재봉틀 테이블도 가까이 두어 작업 동선이 불편하지 않도록 했다.

4
컴퓨터 작업 공간은 작업실 안쪽에
작업실 안쪽에 조금 들어간 공간에 컴퓨터를 두고 사용한다. 시선이 비켜 가는 곳이라 작업실이 넓어 보이는 효과도 있다.

5
행거로 만든 소박한 쇼룸
리폼한 의상들은 심플한 철제 행거에 걸어 전시했다. 행거는 반 조립으로 구입할 수 있는 이케아의 철제 타입으로, 이동하기에도 간편하다.

Owner's Pick-up!

SPECIAL SPACE

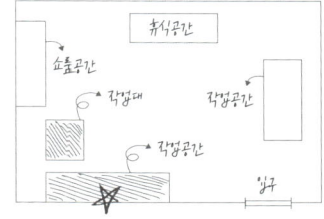

마음껏 작업할 수 있는 작업 공간
널찍한 작업대와 컴퓨터 작업을 할 수 있는 테이블은 그가 가장 좋아하는 공간이다. 작업대와 컴퓨터 테이블을 가까이 둔 것도 그 때문. 작업실에서의 시간은 대부분 이곳에서 보낸다.

HIS Self-interior IS...

그의 작업실 콘셉트는 주차장이다. 주차장 느낌을 살리기 위해서 전체적으로 블랙 컬러를 메인으로 정했고, 주차 라인과 주차장을 표현하는 각종 표시를 옐로 컬러 페인트로 그대로 재현했다. 모두 그와 친구들 솜씨다. 비록 시간은 많이 들었지만 독특한 주차장 느낌을 그대로 나타낼 수 있어 아주 만족스럽다. 바닥도 주차장 느낌을 위해 여러 가지 페인트를 섞어서 컬러를 표현했다. 가구는 최대한 배제해 심플한 공간 구성이 되도록 했고, 꼭 필요한 가구는 리폼을 해서 마련했다.

₩ TOTAL COST

공사비	총 금액 약 30만원
➡ 내장 공사비	페인트 약 20만원, 바닥 에폭시 약 10만원
상품 매입비	없음
가구 구입비	행거 약 5만원 이하

Styling tip

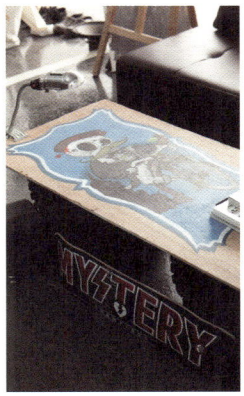

핸드메이드 탁자
손님용 탁자는 자동차 바퀴와 나무 합판을 이용해 만들었다. 자동차 바퀴를 눕히고 그 위에 그림이 그려진 상판을 올린 것.

스피커로 만든 행거
눈에 띄는 리폼 아이템 중 하나는 바로 스피커 행거. 아버지가 쓰던 스피커 중앙에 구멍을 뚫고 철제 봉을 연결해 만들었다.

페인팅 레터링
지하 주차 공간답게 페인팅을 이용한 레터링 효과로 공간을 구분했다. 블랙 컬러 바닥에 옐로 컬러로 문구를 써 넣어 컬러 대비 효과를 냈다.

페인팅과 에폭시 바닥
주차장 바닥 느낌을 살리기 위해 블랙, 옐로, 레드, 화이트 컬러를 섞어 페인팅했다. 원래 있던 시멘트 바닥에 조색한 페인트를 칠하고 완전히 말린 후, 그 위에 에폭시 작업을 했다. 에폭시 후에는 완벽하게 말렸다.

 CLOSE-UP

SELF PAINTING ₩200,000

STEP 01

면이 고르도록 깨끗하게 청소하기
페인트를 칠할 벽이나 바닥은 울퉁불퉁하지 않도록 깨끗하게 청소한다.

STEP 02

롤러로 꼼꼼하게 페인트칠하기
넓은 면인 벽이나 바닥은 롤러를 이용해. 페인트를 칠하되, 사선 방향으로 여러 번 덧바른다.

STEP 03

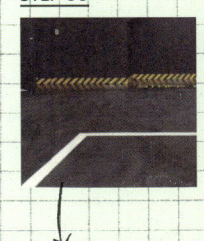

바닥 에폭시 작업하기
바닥 에폭시는 먼저 하도제를 바르고 충분히 말린 후, 상도제를 골고루 펴바른다.

STEP 04

포인트 장식 그리기
주차장을 연상시키는 다양한 포인트를 페인트로 그리고 말린다.

8평

컨테이너 그림 작업실 <강혜진의 부농작업실>
리사이클링 워크룸 <SAGE DESIGN>
캘리그라피 작업실 <감성공장 스토리꼴>
수제 밀크 잼과 티와의 만남 <탐나는 티타임>
니팅 소품 작업실 <POCO GRANDE>

산수유 피는 자연 속
컨테이너 그림 작업실
8평

MINI INFO

작업실 명 　강혜진의 부농작업실
오너　　　그림작가 강혜진
컨셉트　　그림 작업실
규모　　　8평
위치　　　경기도 이천시 백사면 도립리 538
문의　　　blog.naver.com/woogamade

HER Workroom IS...

"봄이 되면 산수유가 지천에 흐드러지게 피고, 산 너머로 붉게 넘어가는 석양을 볼 수 있는 컨테이너 그림 작업실이에요. 이곳에서 그림도 그리고, 커피도 볶아서 내리고, 사람들과 담소도 나누며 자연과 함께 하는 삶을 살고 있지요. 저 자신은 내면세계를 탐구하는 그림 작업을 통해, 이곳을 찾는 사람들은 자연을 통해 힐링하고 있답니다. 남편의 목공 작업실과 함께 부부만의 컨테이너 작업실로 만들어 가고 있어요."

 **DAILY SCHEDULE**

9:00	작업실 오픈
10:00	청소, 그림 도구 정리
11:00	작업실 주변 점검
13:00 - 마감	그림 구상, 그림 작업

HER Opening Story IS...

▷ **캠퍼스 커플의 첫 공간**

서양화를 전공한 강혜진 씨의 첫 작업실은 분당의 평범한 도심 속 상가에 있었다. 대학 졸업 후 당시 남자친구였던(현재는 그녀의 남편이다) 안성민 씨와 함께 연 작은 작업실이었다. 그곳에서 그녀는 그림을 그리고, 그는 목공 작업을 했다. 하지만 도심 한가운데라 임대료도 만만치 않았고, 두 사람이 쓰기에는 작업실도 너무 좁았다. 남자친구는 도심 작업실 대신 이천의 비닐하우스 작업실에서 거의 작업을 해야 했기에 불편한 점도 많았다. 결국 좀 더 넓은 곳을 찾으려고 오포의 공장 지대에 있는 물류 창고까지 알아보러 다녔지만 삭막하고 거친 분위기에 도저히 작업실을 낼 엄두가 나지 않았다. 결국 두 사람은 그의 비닐하우스 작업실이 있던 이천으로 작업실을 옮기기로 결심했다.

▷ **자연 속 낭만적인 공간을 꿈꾸다**

작업실 장소로 낙점한 곳은 비닐하우스 작업실만 덩그러니 있던 말 그대로 텅빈 땅이었다. 작업실을 오롯이 새로 만들어야 할 상황. 고민에 고민을 거듭하다 그들의 경제적인 여건에 가장 맞는 커스텀 컨테이너 작업실로 결정을 했다. 컨테이너는 비용 면에서 저렴했고 이동도 쉽다는 점에서 매력적이었다. 그들은 각자 컨테이너를 활용한 작업실을 만들기로 합의, 컨테이너 목공 작업실과 그림 작업실로 구성된 창작 공간을 완성하였다. 이름하여 '종합예술 창작소'이다.

▷ **쉽지 않아! 컨테이너 작업실**

꿈과 현실은 많이 다르다고 했던가. 낭만적일 것만 같았던 컨테이너 작업실은 현실적인 어려움이 많았다. 먼저 작업실로 용이한 컨테이너 제작 업체를 찾아야 했고, 컨테이너의 최대

OPEN SCHEDULE

2009-07 컨테이너 주문, 제작(3주 소요)

2009-08 1차 오픈

2010-04 컨테이너 리뉴얼 시작 (총 1개월)
- 4주 전 바닥 마루 작업
- 3주 전 내부, 외부 페인팅
- 2주 전 가구 제작
         (가구 제작은 공사하면서 틈틈이),
         가구 배치 고민
- 1주 전 인테리어 스타일링

2010-05 2차 오픈

남편 안 작가가 만들어 준 물푸레 나무 프레임 액자에 담긴 하늘을 모티브로 그린 그림.

한창 일러스트 그림을 그릴 때의 작품. 문득 떠오르는 상상 속의 이미지를 그림으로 표현했다.

홍대 프리마켓과 희망시장에서 판매했던 그림이 있는 라이터. 직접 수작업으로 그렸다.

나무 연필꽂이에 오리를 모티브로 그림을 그려 넣었다. 재미있는 오리의 모습이 위트 있게 담겼다.

나무 상자로 만든 가방에 디테일이 살아 있는 카메라 그림을 그렸다. 흡사 카메라 가방을 연상시킨다.

나무 차 받침대와 빵 도마. 남편 안 작가가 제작한 것으로 직접 판매한다.

약점인 단열과 삭막한 분위기를 해결할 수 있는 장치가 필요했다. 어렵사리 고른 커스텀 컨테이너 제작소에서 큰 창과 단열, 바닥 철제 구조를 보강한 컨테이너 주문에 성공했다. 그것만으로도 마치 작업실이 완성된 것처럼 기뻤다. 사실 컨테이너 작업실은 컨테이너를 둘 땅을 다지는 일에서부터 수평 맞추기, 컨테이너 옮기기까지 쉽지 않은 작업의 연속이다.

▶ 분홍작업실 = 부농작업실

그녀의 그림 작업실 외관은 분홍색이다. 컨테이너 작업실 인테리어를 할 때 삭막한 회색빛의 컨테이너를 어떻게 변신시킬까 고민하다 밝고 화사한 분홍색이 주변 자연환경과도 잘 어울릴 것 같아 낙점했다. 그렇게 분홍작업실로 불리게 된 그녀의 공간은 발음 나는 대로 '부농작업실'로도 불린다. 시골에서 '부농'이 되라는 재미있는 의미도 있는 이 이름은 이곳을 좋아하는 이들이 부르는 작업실 애칭이 되었다 부농작업실은 그녀의 개인 그림 작업 공간이기도 하지만 카페가 되기도 하고, 작품을 전시하는 작은 갤러리가 되기도 한다.

HER Space IS...

세월만큼 수없이 바뀐 작업 공간

부농작업실의 공간은 6년이라는 세월과 함께 여러 차례 변화가 있었다. 노랑 컬러로 단순히 칠했던 벽면에서 지금의 빈티지한 느낌의 벽면으로 바뀌었고, 바닥도 단순 합판 바닥에 그림을 그리기도 하고, 나무 바닥을 깔기도 했다. 작업 공간도 위치가 바뀌었고, 중간에 카페를 겸할 때는 카페에 맞게 테이블을 놓기도 했다. 지금은 그림 작업실과 갤러리, 쇼룸으로 활용하고 있다.

1
풍경을 담은 액자가 있는 창가 작업대
그녀의 작업실 창들은 모두 차경을 위한 장치. 사방으로 나 있는 창은 그 너머의 자연경관을 그대로 담은 자연 액자인 셈. 그래서 사계절 변하는 경치를 보며 작업을 할 수 있도록 메인 작업대는 가장 넓은 창 앞에 두었다.

2
컨테이너 벽면 모두가 캔버스로 변신
컨테이너 특성상 웬지 모를 차가운 분위기가 느껴지기 마련이다. 이를 위해 내부 벽면에 즉흥적인 그림을 그려 빈티지한 감성을 살렸다. 입구 문은 풍경을 고스란히 담은 들판을 그려 넣어 자연 속에 있는 작업실로 만들었다.

3
미니 갤러리
입구 정면 벽면이 미니 갤러리 중 하나다. 화이트로 칠한 벽면은 작품을 좀 더 돋보이게 하기 위함. 작품은 정해진 규칙 없이 자유롭게 놓는다.

4
커피 향 가득한 카페 공간
남편과 혹은 혼자, 또는 작업실을 찾는 사람들과 커피를 마시며 소소한 일상 이야기를 주고받는 작은 카페다. 가구는 모두 남편이 제작한 것.

5
갤러리 옆 작은 목공 소품 전시장
미니 갤러리 옆 공간은 남편의 목공 소품 전시장으로 활용한다. 나무로 만든 도마와 거울, 차받침, 나무 수저 등이 전시되어 있다.

Owner's Pick-up!

SPECIAL SPACE

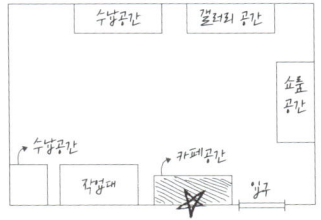

또 다른 힐링의 공간, 미니 카페
작업실에서 그녀가 가장 아끼는 공간은 바로 커피를 마실 수 있는 테이블이 있는 곳이다. 작은 테이블이지만 커피를 마시며 조용히 사색에 잠길 수도 있고, 사람들과 커피나 차를 마시며 이야기를 나눌 수 있어 스스로 '힐링의 장소'라 부르기도 한다.

HER Self-interior IS...

아기자기함이 살아 있는 빈티지 컨트리 스타일
특정한 스타일을 정해 두고 인테리어를 한 건 아니다. 남편이 만들어 준 투박하지만 멋스럽고 정감이 가는 가구들과 그녀가 그린 그림들이 자연스럽게 어우러져 편안하면서도 이국적인 빈티지 컨트리 스타일이 완성되었다. 가구의 대부분은 모아 둔 목재를 이용해 만들었는데 하나하나 다듬고 이어 붙여 핸드메이드 느낌이 제대로 살아 있다. 작업실 마루 바닥과 셀프 화목난로 역시 남편의 솜씨다. 벽은 주로 그녀가 직접 그린 그림들과 액자로 데커레이션 했다.

TOTAL COST

공사비	총 금액 약 650만원
➤ 컨테이너 주문 제작	600만원(이동비 포함)
➤ 외장 공사비	외부 페인트 약 10만원
➤ 내장 공사비	페인트 약 30만원, 조명 약 10만원

Styling tip

리사이클링 바닥
갤러리 공간의 나무 바닥은 남편이 평소에 채집해 두었던 크기도 두께도 제각각인 원목 나무들을 다듬어서 만들었다. 서로 엇갈리게 놓고 녹슨 못을 박아서 빈티지한 느낌을 강조했다.

커피 코지
나무 찬장에는 그녀가 좋아하는 커피 원두와 도구들을 보관한다. 원두를 담은 보틀부터 모카보트, 드립기, 그라인더까지 갖췄다.

책꽂이
작업 중 읽고 싶은 책을 언제고 꺼내 읽을 수 있도록 책장용 선반을 만들었다. 바로 옆 벽면에 스케치한 그림을 붙여 두어 머리를 식히면서 작품 구상을 하곤 한다.

화목난로
직접 구입한 화목난로 옆에 황토 벽돌을 쌓았다. 황토 벽돌은 물을 뿌려 두면 가습기 효과까지 있어 아주 유용하다. 화목난로의 연통은 천장에서 30cm정도 띄워서 설치해야 한다.

CLOSE-UP

HANDMADE FLOOR & SELF PAINTING ₩100,000

STEP 01

나무 다듬고 녹슨 못 준비하기
나무들을 적당히 다듬고 길이를 맞춘다. 빈티지한 느낌을 위해 못은 녹슨 것으로 준비한다.

STEP 02

못으로 박아 나무 이어 붙이기
나무 위에 못으로 박아 고정시키는데 나무가 갈라질 수 있으므로 먼저 드릴로 뚫어서 박는다.

STEP 03

페인트 조색하기
페인트 전문점에서 원하는 컬러의 페인트를 조색해서 구입한 후, 그레이 톤의 컨테이너 외부에 칠한다.

STEP 04

밑 색을 바르고 2번 덧칠하기
그레이 톤이 올라오는 것을 막기 위해 화이트 페인트로 밑 색을 바르고 분홍 컬러 페인트를 발랐다.

건강한 지구를 위한
리사이클링 워크룸

8평

> **MINI INFO**
> **작업실 명** SAGE DESIGN(세이지디자인)
> **오너** 디자이너 김자연
> **컨셉트** 리사이클링 작업실 + 레슨 + 쇼룸
> **규모** 8평
> **위치** 서울시 종로구 신교동 58-1
> **문의** www.sagedesign.co.kr 02-335-4531

HER Workroom IS...

"온갖 버려지는 제품들로 새로운 것들을 만들어 내는 리사이클링, 업사이클링 작업실이에요. 사실 멀쩡한데 버려지는 것들이 엄청 많잖아요. 그런 것들을 잘만 활용하면 멋지고 새로운 제품을 무궁무진하게 만들 수 있거든요. 개인 작업실이나 클래스를 여는 공간으로 쓰고 있지만 작은 쇼룸도 있어요. 지나가다 궁금해서 들르는 사람들도 반갑게 맞는 오픈 작업실이랍니다."

 **DAILY SCHEDULE**

10:00	작업실 오픈 또는 을지로, 동대문 종합시장 시장 조사
14:00 ~ 18:00	개인 작업, 외부 강의
18:00 ~ 마감	개인 작업, 외부 의뢰 작업

***리사이클링 클래스** 원 데이 클래스, 3개월 과정 클래스 모두 상담 후 일정 결정

HER Opening Story IS...

▶ 인테리어 디자이너 VS 리사이클링 디자이너

김자연 씨의 전직은 인테리어 디자이너다. 친구랑 창업했던 작은 인테리어 회사는 제대로 쉬는 날이 없을 정도로 일이 많았고 그만큼 번창하기도 했다. 밀려드는 스케줄에 의욕적으로 뛰다 보니 7년 정도 지나자 몸이 많이 힘들었다. 몸을 돌보지 않고 일한 탓에 건강이 많이 나빠져 좋아하고 즐거웠던 일이었지만 더 이상 지속할 수 없었다. 일을 그만두고 건강을 돌보며 독서와 여행 등을 하며 그동안 가지지 못했던 시간을 보냈다. 그러다 우연히 읽은 책에서 리사이클링에 관한 내용을 접하게 되면서 생소하지만 매력적으로 느껴졌고, 리사이클링 디자이너로 새로운 시작을 꿈꾸게 되었다.

▶ 새로운 생명을 불어넣는 작업

리사이클링의 매력은 버려지던 것들이 새롭게 태어나는 것에 있다. 원래의 수명을 다 했을지라도 다른 용도로 얼마든지 재활용될 수 있는 것들이 무궁무진하다. 여기에 그녀 자신의 손재주를 조금 더 보태 멋진 아이템으로 재탄생시키는 작업은 너무나 재미있고 또 의미 있는 일이었다. 무엇보다 마음이 즐거웠다. 예민했던 마음도 릴렉스되고 창의적인 아이디어를 발휘하기에도 좋았다. 도매 의류사업을 하는 가족들 덕에 버려지는 원단을 받아 각종 패브릭 아이템을 만들고, 역시 버려진 군용 제품으로 캔들 케이스나 키홀더 등을 만들었다. 그녀가 만든 아이템을 본 주변 사람들의 반응도 뜨거웠다. 점점 주문도 들어오면서 세이지 디자인 홈페이지도 만들고, 편집숍이나 '텐바이텐', 'funshop'등의 온라인 쇼핑몰에 입점하기 시작했다.

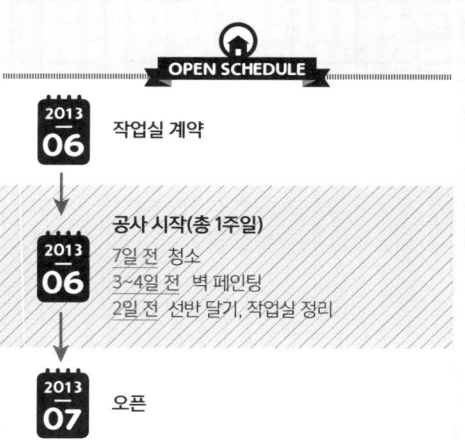

OPEN SCHEDULE

2013-06 작업실 계약

공사 시작(총 1주일)
7일 전 청소
3~4일 전 벽 페인팅
2일 전 선반 달기, 작업실 정리

2013-07 오픈

▶ 일산, 홍대 앞, 원서동 그리고 신교동

리사이클링 디자이너로 새 삶을 살게 된 지 벌써 4년이 흘렀다. 그 시간 동안 작업실도 여러 번 바뀌었다. 첫 작업실이 있던 일산에서, 홍대, 원서동을 거쳐 지금의 신교동 작업실이 네 번째다. 애초 신교동은 작업실을 고려했던 곳이 아니었는데, 우연히 지인의 소개로 인연이

미군 야상을 재활용해 만든 가방.
가방 안에는 대나무자로 지지대를
만들었다.

자른 양주 병의 끝부분을 녹여
케이스로 만들고 왁스를 부어
캔들로 재탄생시켰다.

고장 난 시계로 만든 키홀더.
밀리터리 스타일의 디자인
이라 남성에게 인기가 많다.

군용 텐트 천에 독일군 군복에서
떠온 벨트 버클을 이어서 만든
독특한 키홀더.

'프랑프랑'에서 구입했던 비둘기
모양의 목재 장식품을 방향제로
새롭게 만든 제품.

버려진 앤틱 찻잔에 캔들 왁스를
부어 고풍적인 디자인의 캔들로
만들었다.

닿아 네 번째 작업실이 되었다. 효자동과 서촌이 가까운 위치도 좋았지만 무엇보다 독특한 구조와 펜션처럼 하늘을 볼 수 있는 작은 창이 천장에 있다는 점에 마음을 빼앗겨 버렸다. 톡톡톡 비오는 소리를 듣거나 환한 햇살이 작업실 안으로 들어오는 것을 볼 수 있어 너무 좋았다.

▶ 리사이클링을 넘어 업사이클링

그녀의 작업은 단순한 리사이클링이 아니라 재활용품에 자신만의 감각을 넣은 디자인을 더해 가치를 높이는 업사이클링의 의미가 크다. 각각의 원단을 이어 붙인 가방이나 펜슬케이스를 만들고, 버려진 술병을 잘라 캔들 케이스로 활용하고, 시계 부속품으로 전혀 새로운 귀걸이를 만들기도 한다. 업사이클링으로 만들어진 제품을 보면서 사람들이 사용하고 버려지는 것들에 대한 인식이 점점 바뀌고 그로 인해 지구와 인류의 앞날이 밝아졌으면 하는 소망을 담는다. 이런 바람으로 판매되는 수익금의 일부를 엘 살바도르와 과테말라의 어린 아이들을 후원하는데 기부하고 있다.

HER Space IS...

작업 공간과 쇼룸을 분리해 두 공간으로
ㄱ자 모양의 독특한 구조라 안쪽의 넓은 공간은 작업실로, 입구 쪽의 긴 공간은 쇼룸으로 배치했다. 자연스럽게 공간 분리가 되면서 안쪽 작업실이 바깥쪽에서 잘 보이지 않아 사생활을 노출 부담이 적다. 쇼룸 공간은 왼쪽에 테이블을 놓고 벽에는 철판을 붙여 제품을 전시했고, 오른쪽은 찬넬 선반을 달고 아래쪽에 수납장을 따로 넣어 공간 활용도를 높였다.

1
벽 선반장은 위쪽 공간도 쓸 수 있게 띄우기
주 작업 공간인 책상 정면 벽면에는 키 작은 선반장을 달았다. 천장에서 일정 공간을 띄워 선반장 윗부분 수납도 가능하게 만든 게 특징. 선반장 아래에는 따로 조명을 달고 천으로 씌워 간접 조명 효과를 냈다.

2
창을 살려 공간을 밝게
자칫 공간이 너무 답답해 보이지 않도록 기존의 창은 그대로 살려 자연광이 깊숙이 들도록 했다. 커튼도 원단을 별도의 바느질을 하지 않고 그대로 걸어 자연미를 살렸다. 이곳에서는 패브릭 미싱 작업을 주로 한다.

3
작업대는 ㄱ자형 배치
공업용 미싱 작업대와 재단 작업대를 ㄱ자형으로 배치해 동선을 짧게 했다. 작업하기에도 편리하고 벽 쪽으로 작업대를 붙여 좁은 공간을 효율적으로 활용하기에도 좋다.

4
커튼 가리개로 수납공간 더하기
따로 창고가 없기 때문에 지저분한 짐들을 둘 공간이 마땅치 않다. 그래서 천장에 고정 고리를 달고 밧줄을 연결해 커튼을 설치했다. 커튼은 동대문 시장에서 사온 원단으로 만든 것.

5
공간마다 햇빛이 드는 창을 확보
작업실 선택 시 창이 많다는 게 가장 좋았던 까닭에 기존의 창문은 그대로 유지했다. 작은 창만으로도 공간이 밝아져 보다 넓어 보인다. 천장에 있는 창은 실내를 한결 밝아 보이게 한다.

Owner's Pick-up!

SPECIAL SPACE

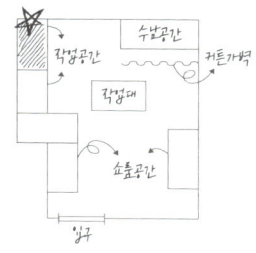

아늑함을 살린 코너 오피스
개인 사무를 보거나 컴퓨터 작업을 하는 책상은 안쪽 코너에 배치했는데 안쪽이라 아늑하면서도 편안한 장소다. 책상에 앉아 음악을 들으면서 하루 일과를 정리하는 것을 즐긴다. 책상 앞쪽 벽에는 전에 쓰던 카운터 선반을 두었더니 마치 책상 벽 처럼 느껴진다.

HER Self-interior IS...

아이디어 넘치는 빈티지 인더스트리얼

목재와 철을 좋아해 작업실 인테리어도 목재나 철판 소재를 많이 활용했다. 전체적으로 빈티지하면서 인더스트리얼한 스타일을 가미했고 컬러는 밀리터리 스타일에서 따온 카키와 브라운, 그리고 톤 다운된 컬러 톤을 활용했다. 전직 인테리어 디자이너답게 책상이나 테이블 등은 직접 디자인해 목재소에 주문했고, 디스플레이용 철판 역시 철판 업체에 주문해 완성했다. 인테리어 소품은 나뭇가지나 재활용품 등으로 직접 만든 것을 활용한다.

ⓦ TOTAL COST

공사비	총 약 150만원
➡ **내장 공사비**	페인트 약 50만원, 상품 진열용 철판 약 50만원, 기타 약 50만원
상품 매입비	책상, 상품 진열대, 작업대 등은 전 작업실부터 사용하던 것

Styling tip

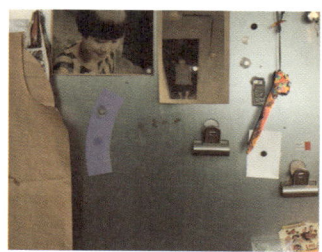

철판 보드
사진이나 메모, 그리고 패턴 등을 붙여 두기 좋은 철판 보드. 작업대 벽에 고정해 잊지 말아야할 메모를 붙여 둔다. 인테리어 효과도 좋아서 거칠지만 이색적인 분위기를 낸다.

컬러풀 실패
직접 만든 작은 미니 선반을 벽에 달고 여러 가지 컬러의 실패를 올려 두었다. 컬러감이 있는 실패를 자연스럽게 두는 것만으로도 벽이 화사하고 색달라 보인다.

나무 소품
자연스러운 멋이 나는 나무 소재의 소품들은 쓰면 쓸수록 빈티지한 느낌이 더해져 멋스럽다. 작은 거울 프레임도 원목으로 골라 거울 위에는 나뭇가지를 마치 연필처럼 깎은 작은 소품으로 장식했다.

원단 수납
입구 쪽 쇼룸에는 완성품을 전시하는 테이블을 두었는데 테이블 아래에는 각종 원단을 수납했다. 나무 박스 위에 원단을 차곡차곡 올려서 수납해 오픈 공간이지만 지저분한 느낌이 들지 않는다.

CLOSE-UP

CABINET RECYCLING
₩100,000 이하

STEP 01
망치로 두드리기
낡은 것처럼 보이게 하기 위해 망치로 부분부분 두드리고 흠집을 만든다.

STEP 02
유성 페인트칠하기
블랙 컬러 유성 페인트를 전체적으로 바른다.

STEP 03
다시 페인트 벗기기
페인트가 완전히 마른 다음 사포로 살짝 살짝 벗긴다.

STEP 04
수납고리 달기
캐비닛 옆면에 수납고리를 달아 도구를 보관한다.

그림 같은 손 글씨
캘리그라피 작업실

8평

MINI INFO

작업실 명	감성공장 스토리꼴
오너	캘리그래퍼 유경수, 목공 인테리어 작가 서경원
컨셉트	캘리그라피 작업실 + DIY 작업실 + 레슨
규모	8평
보증금	1000만원 **임대료** 월 80만원
위치	서울시 마포구 양화로8길 16-9
문의	blog.naver.com/storykkol

THEIR Workroom IS...

"감성을 담은 손글씨 작업을 하는 캘리그라피 작업실이자 가구나
소품을 만드는 DIY 공간, 그리고 가끔 소셜 다이닝도 여는 재미난
곳이에요. 때로는 작업실이 필요하거나 소규모 모임을 원하는
이들에게 공간을 빌려 주기도 하죠. 그야말로 다양한 일들이
이루어지는 곳입니다. 개인 작업만 하다 보면 가끔 지루하고
외롭기도 한데 이렇게 여러 사람들과 만나는
일을 하니까 심심할 틈이 없지요."

DAILY SCHEDULE

10:00	작업실 오픈, 청소
11:00	음악 들으며 작업 준비
13:00 ~ 18:00	캘리그라피 작업, 또는 DIY 작업
18:00 ~ 마감	캘리그라피 레슨, 혹은 개인 작업

*캘리그라피 레슨 목요일 오후 7시 30분~9시 30분까지 2시간 (캘리그라피 입문 수업 10주 과정)

THEIR Opening Story IS...

▷ **평범한 회사원의 특별한 취미**

캘리그래퍼로 본격적으로 활동하기 전 유경수 씨는 마케팅 프로모션 기획자로 15년이 넘게 회사를 다녔다. 지금도 이 일을 완전히 손을 놓은 건 아니다. 대신 이전에는 마케팅 프로모션 기획인 주된 업무였다면 지금은 여러 가지 일을 동시에 한다는 점이 다르다고 할까. 회사에 다닌 지 5년 쯤 지났을 때 우연히 일본 출장길에서 한 상점의 캘리그라피 간판을 보고 한눈에 반해 버렸다. 그림처럼 글씨를 표현할 수 있다는 것과 글씨 안에 사람의 감성을 담을 수 있다는 점이 너무 매력적이었다. 회사를 다니면서 취미로 퇴근 후에 캘리그라피 수업을 들으며 실력을 키워 나갔다.

▷ **손으로 그리는 아름다운 글씨**

원래부터 글씨를 잘 쓰는 건 아니었다. 오히려 그는 글씨는 잘 못 쓴다고 고백한다. 신기하게도 캘리그라피는 또박또박 쓰는 글씨가 아니라 감성을 담아 쓰는 만큼 못 쓰는 글씨도 아름답게 보이게 하는 마력을 가졌다. 그 점이 너무나 좋았다. 글이 그림이 되고, 예술 작품이 되고, 사람들이 그 글씨를 보고 감동하고 감성에 젖는 모습에 반해 본격적으로 캘리그라피를 배우러 다녔다. 당시만 해도 제대로 수업하는 곳이 없어 캘리그래퍼 1세대인 강병인 작가의 특강이 있는 곳이면 어디든 달려갔고, 동영상을 촬영해 두었다가 그것을 보면서 계속 혼자 연습을 해서 익혀 갔다. 그렇게 10년 넘게 취미로 작업을 계속했다.

▷ **캘리그래퍼 + DIY 작가**

오랫동안 다니던 회사를 그만두고 프리랜서로 전향하면서 캘리그래퍼로 본격적으로 활동을 시작했다. 인천공항공사의 메인 카피와 서브 카피를 맡고, 2014년 문화관광청에서 주최했던 캘리그라피 대회 심사를 보기도 하면서 캘리그래퍼로서의 행보를 다졌다. 그리고

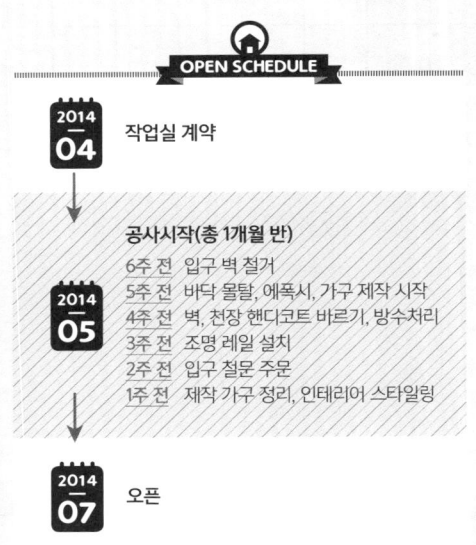

OPEN SCHEDULE

2014-04 작업실 계약

2014-05 공사시작(총 1개월 반)
- 6주 전 입구 벽 철거
- 5주 전 바닥 몰탈, 에폭시, 가구 제작 시작
- 4주 전 벽, 천장 핸디코트 바르기, 방수처리
- 3주 전 조명 레일 설치
- 2주 전 입구 철문 주문
- 1주 전 제작 가구 정리, 인테리어 스타일링

2014-07 오픈

감성적인 글귀를 담은 캘리그라피 엽서와 책갈피. 흘리듯 쓴 글씨체가 매력적이다.

종이컵에 세필 붓으로 손 글씨와 그림을 넣어 새로운 작품으로 리폼했다.

캘리그라피로 작업한 캔들과 머그컵 세트. 캔들을 키면 머그컵에 하트가 나타난다.

우드 버닝기로 작업한 독특한 시계. 버닝기를 이용해 나무에 글씨를 새기기도 한다.

병뚜껑에 색칠하고 손글씨를 일일이 쓴 다음 자석을 붙여 냉장고 자석으로 새롭게 만들었다.

캘리그라피 수업을 들은 수강생이 직접 만든 작품. 액자에 넣어 전시하고 있다.

이제는 단순히 캘리그래퍼가 아닌 DIY 작가로도 활동을 하고 있다. DIY 역시 우연하게 시작했는데, 버려지는 재활용 가능한 물품들을 보며 캘리그라피와 접목을 시켜 보면 어떨까 하는 생각에서 출발했다. 버려진 컵에 캘리그라피를 넣어 새로운 아이템으로 리폼하고, 버려진 목재로 가구를 만드는 일을 하기도 한다.

▷ **개인 작업실을 넘어 공유 공간으로**
캘리그래퍼로 활동이 많아지면서 개인 작업실이 절실해져 목공 인테리어 작가 서경원 씨와 함께 지금의 작업실을 열었다. 하지만 단순히 개인 작업실로만 활용하지는 않는다. 실제 작업실 안에는 따로 작은 공간을 만들어 작업실이 필요한 사람이 언제든지 와서 일을 할 수 있도록 해두었다. 작업실 대관도 가능하다. 그리고 1인 가구가 많아지는 만큼 서로의 특기를 나누고 소통을 하고 밥을 먹기도 하는 소셜 다이닝 공간으로도 활용하고 있다. 홍대 근처로 작업실 위치를 정한 것도 이런 이유에서다. 앞으로도 사람들과 소통하는 공간으로 만들어 갈 계획이다.

THEIR Space IS...

화이트 컬러와 심플한 가구로 넓어 보이게
좁은 공간이 넓어 보이기 위해 가장 먼저 택한 것은 화이트 컬러다. 가구도 컬러를 넣지 않고 내추럴한 원목 느낌 그대로 심플하게 만들었다. 복잡한 요소를 가급적 배제했더니 작은 공간이 더 넓어 보인다. 그리고 개인 작업 공간을 필요로 하는 사람들을 위해 책장으로 가벽을 만들고 안쪽에 의자를 두어 따로 만들었다.

1
책장으로 공간 분리
개인 작업 공간이 필요한 이들을 위해 오픈형 책장을 가벽으로 세워 안쪽에 미니 작업 공간을 마련했다. 책장 하단에는 커튼지를 핀으로 고정시켜 수납공간을 마련, 복잡해 보이는 각종 부자재를 넣었다. 커튼지는 변화를 주기에 좋은 아이템.

2
창가 앞은 작업 공간과 휴식 공간을 동시에
작업실 안쪽으로는 비교적 큰 창이 있는데 햇살이 가장 잘 드는 공간이기도 하다. 창가 앞에는 널찍한 테이블을 두고 손님과 차를 마시거나 작업을 하기도 하거나 음악을 들으며 여유로운 시간을 보내기도 한다.

3
책장 안쪽 미니 작업실
개인 작업 공간이 필요한 이들에게 공간을 주기 위해 만든 미니 작업 공간. 작은 공간이지만 집중하기 쉽도록 책장으로 가벽을 만들었다.

4
시멘트 벽을 뚫어 통창 만들기
원래 입구는 시멘트 벽으로 되어 있었는데 과감하게 벽을 뚫어 통창을 냈다. 벽을 부수고 철제 창문을 주문해 밝고 환한 작업실로 변신시켰다.

5
입구는 전시 공간으로
밖에서도 다양한 캘리그라피 작품을 볼 수 있도록 키 큰 선반장을 통창 쪽에 두었다. 선반장 위에는 다양한 작품들을 전시한다.

Owner's Pick-up!

SPECIAL SPACE

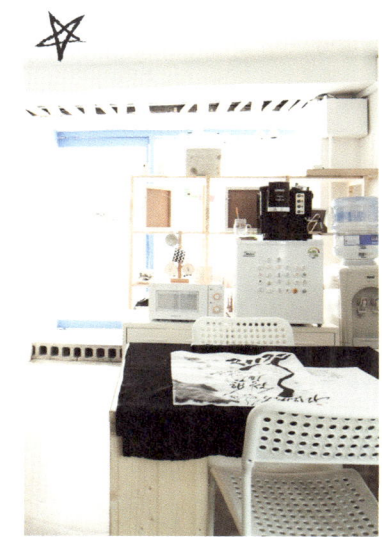

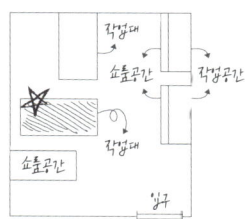

입구 창가 앞 작업대
힘들게 만든 입구 통창은 그에게 가장 애착이 가면서도 가장 기억에 남는 공간이다. 그래서인지 입구 가까이에 있는 작업대에서 통창을 바라보면 저절로 흐뭇해지고 기분이 좋아진다.

THEIR Self-interior IS...

산토리니를 품은 이국적인 셀프 인테리어

작업실은 평소 좋아하는 산토리니 스타일로 콘셉트를 잡았다. 카페 같은 느낌을 주면서 편안하고 이국적인 분위기를 내려고 했다. 메인 컬러는 블루와 화이트. 창틀과 문은 산토리니를 연상시키는 아쿠아 블루로, 실내 내부는 화이트로 칠했다. 가구는 자연적인 느낌을 그대로 주기 위해 원목에 투명 코팅제만 발라주었다. 작업실 셀프 인테리어에서 가장 컸던 작업은 시멘트 벽이었던 입구를 트고 통창과 문을 만든 것. 그 솜씨가 놀라울 정도다.

₩ TOTAL COST

공사비   총 금액 약 300만원
▶ **외장 공사비**   작업실 철문 약 90만원
▶ **내장 공사비**   바닥 몰탈과 에폭시 약 80만원,
                     벽 핸디코트 약 10만원,
                     가구용 원목 구입 등 약 120만원 등

Styling tip

수평 몰탈과 에폭시 바닥
붓질만 하면 저절로 수평을 잡아서 퍼지는 몰탈을 먼저 시공한 후 완전히 말리고 그 위에 에폭시를 3번 정도 발랐다.

작업실 외관
작업실 외관은 화이트 컬러 페인트를 칠하고 창문 느낌을 주는 소품을 목재로 직접 만들어 붙였다. 그런 다음 손글씨를 직접 써 넣었다. 캘리그라피 작업실임을 한눈에 보여 준다.

셀프 책장과 테이블
테이블과 책장 등은 직접 치수를 재서 자르고 못질을 해서 만들었다. 평소에도 남는 목재가 있으면 다양한 가구를 만들어 재활용하기도 한다.

포인트 소품
작업실 내부는 심플하고 소품을 많이 장식하지도 않았다. 대신 테이블에는 클래식한 오디오만 하나 놓았다. 레코드판으로 음악을 들을 수 있어 색다르다.

SELF PAINTING & EPOXY
₩1,000,000 이하

STEP 01

수평 몰탈 후 에폭시 바르기
깨끗하게 청소한 바닥에 수평 몰탈을 붓고 완전히 말린 다음 에폭시를 덧바른다.

STEP 02

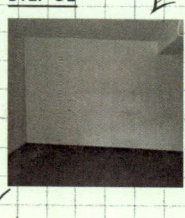

헤라로 핸디코트 바르고 말리기
핸디코트는 헤라 등을 이용해 원하는 모양대로 펴 바르면 된다.

STEP 03

시멘트 벽돌 벽 부수기
시멘트 벽돌 벽은 해머 등으로 일일이 깨서 입구를 넓힌다.

STEP 04

철제 문 설치 후 페인팅
벽을 뚫은 다음 주문한 철제문을 설치하고 아쿠아 블루 컬러로 페인팅한다.

수제잼 작업실

달콤한 밀크 jam과 tea의 만남

8평

MINI INFO

작업실 명	탐나는 티타임
오너	잼 전문가 권선미
컨셉트	수제 잼 작업실 + 미니 숍
규모	8평
보증금	500만원 **임대료** 월 40만원
위치	서울시 동작구 노량진동 장승배기로 24길 9
문의	www.taaam.co.kr, blog.naver.com/s_dayteatime

HER Workroom IS...

"탐나는 잼과 향긋한 차, 그리고 예쁜 패브릭이 함께 하는 곳이에요. 한가로운 티타임을 위한 다양한 아이템을 만나고, 취향이 맞는 사람들이 만나 소통하고 공유하기도 하죠. 다양한 밀크 잼과 리빙 소품을 사람들에게 소개하고 좋아하는 티를 추천해 주는 일이 정말 즐거워요. 대부분의 시간은 잼을 만들고, 새로운 레시피를 위해 연구하는 작업실 겸 작은 잼 숍이랍니다."

DAILY SCHEDULE

9:00	방산시장 또는 남대문시장 장보기 방산시장 - 바닐라빈, 버터, 우유, 생크림, 그밖에 재료와 소품들 남대문시장 - 잼 소품, 액세서리
14:00	작업실 오픈, 청소
15:00 ~ 18:00	재료 손질, 배송 업무, 기타 업무
18:00 ~ 마감	잼 만들기 작업

*작업실 숍 오픈 수, 목, 토요일 14:00~20:00(작업 상황에 따라 달라지기도 함)

HER Opening Story IS...

▷ **홍차 밀크 잼 마니아**

권선미 씨에게 밀크 잼은 새로운 세상이었다. 우유가 들어간 잼이라니. 그것도 신기했지만 생각보다 달콤하고 건강한 맛에 푹 빠져 버렸다. 게다가 좋아하는 홍차나 녹차, 과일 등 여러 가지를 넣어서 잼을 만드는 것도 흥미로웠다. 여러 가지 밀크 잼을 맛보다 보니 조금 더 진한 차 맛을 느끼고 싶다는 아쉬움이 컸다. 그러던 중 대형 마트 바이어 일을 그만두고 '좋아하는 밀크 잼을 직접 만들고 싶다'는 생각을 실행할 기회가 왔다. 홍차 잼을 시작으로 녹차, 마늘, 양파, 라즈베리, 단호박까지 다양한 재료를 넣어보고 테스트해 보면서 참 신기하게도 행복하고 즐거워지는 자신을 만나게 되었다. 그렇게 밀크 잼과의 인연이 시작되었다.

▷ **프리마켓 베스트셀러로 등극!**

처음엔 판매할 생각이 없었다. 마음껏 먹고 싶은 마음에 만들었기에 판매는 물론 직업으로 할 생각도 전혀 없었다. 하지만 그녀의 밀크 잼을 맛본 지인들의 판매 권유에 호기심이 발동했다. 며칠을 공들여 만든 밀크 잼을 들고 홍대 프리마켓에 가던 날의 설렘은 아직도 잊지 못한다. 처음 참여했던 프리마켓의 성과는 대성공. 점점 프리마켓에 참여하는 빈도도 높아지고 홍대, 안암동 등 여러 프리마켓에서 밀크 잼을 판매하다 보니 그녀의 잼을 좋아하는 마니아들이 생겨나기 시작했다.

▷ **소박한 작업실, 티타임을 사랑하는 사람들**

노량진의 한 주택가 1층에 있는 그녀의 작업실은 아주 소박하다. 화려하고 멋진 간판도 없다. 번화한 거리에 있지도 않아 골목을 지나가면 모르고 지나쳐 버릴 정도다. 하지만 작업실에서 쓰며 나오는 달콤한 잼 향기에 지나가는 사람들의 발길을 잡는다. 작업실 오픈을 위해 공사를 할 때도, 작업실에서 잼을 만들 때

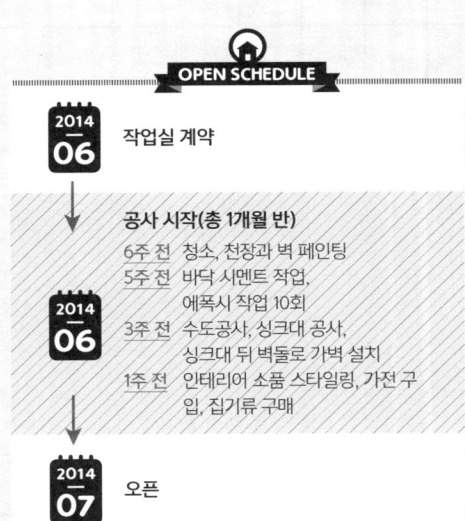

OPEN SCHEDULE

2014/06 작업실 계약

공사 시작(총 1개월 반)
- 6주 전 : 청소, 천장과 벽 페인팅
- 5주 전 : 바닥 시멘트 작업, 에폭시 작업 10회
- 3주 전 : 수도공사, 싱크대 공사, 싱크대 뒤 벽돌로 가벽 설치
- 1주 전 : 인테리어 소품 스타일링, 가전 구입, 집기류 구매

2014/06

2014/07 오픈

테이블을 더욱 근사하게 만들어 주는 빈티지 스타일의 시약병. 생화나 말린 꽃을 꽂아 두면 예쁘다.

남대문 도매시장에서 구입해 오는 빵 도마와 잼 보울은 직접 판매도 한다.

달콤한 과일이 들어간 라즈베리, 망고 밀크 잼. 앙증맞은 병에 담아서 판매한다.

단호박을 듬뿍 넣은 단호박 밀크 잼은 얼그레이 밀크 잼과 더불어 베스트셀러다.

언니가 운영하는 플라이리넨의 티매트. 북유럽풍의 아기자기한 프린트가 앙증맞다.

양파의 단맛을 즐기기 좋은 어니언 밀크 잼. 양파가 씹히는 식감을 즐기기 좋다.

도 사람들은 이리 기웃 저리 기웃하며 작업실 문을 두드리곤 했다. 그녀의 작업실에는 잼만 있는 게 아니다. 단순히 잼만 만들고 판매하는 곳이 아닌, 베이커리와 잼을 좋아하는 이들과 일상의 소소한 얘기부터, 좋아하는 잼까지 수다를 떨며 티타임을 즐기는 곳이기도 하다.

▶ **좋아하는 일 VS 직업**

좋아하는 일은 단순히 취미로만 하라는 말이 있다. 그만큼 직업이 되면 힘든 일이 많아지기 때문이다. 그녀도 작업실을 내면서 어려운 법률 지식에 힘겨워도 했고, 구청과 세무서 등을 쫓아 다니며 지치기도 했다. 영업 허가증, 사업자등록증, 통신판매 허가증 등 준비할 서류도 많았다. 식품 관련 작업실을 내기 위해서는 작업실 소재지 해당 구청 위생과 담당자에게 직접 문의하고 답변을 받는 것이 가장 정확한 방법이다. 그리고 재료를 판매하는 도매시장도 몰라 대형마트에서 비싼 가격을 주고 사기도 했다. 그래서 이 일을 직업으로 하고 싶어 하는 이들이라면 준비를 철저하게 하라는 게 그녀의 조언이다.

HER Space IS...

작업 용도에 따른 맞춤 공간 분할

처음 작업실을 만들 때 가장 중요한 것이 바로 작업에 편리한 동선과 큰 싱크대였다. 잼을 만들고 담고, 포장을 하고, 설거지를 하기 좋은 충분히 큰 싱크대가 있어야 했다. 그리고 각종 재료와 기타 자질구레한 물건들을 보관할 창고가 필요했다. 이 두 가지를 해결하기 위해 작업실 안쪽은 창고로 활용하고 가운데에 ㄷ자형 싱크대를 설치했다.

1
ㄷ자형 싱크대로 넉넉한 작업 공간
아일랜드가 있는 ㄷ자형 싱크대는 일하기에 편리한 동선으로 매일 작업하기에 좋은 구조다. 긴 아일랜드는 손님이 왔을 때 간단히 차 한잔 하기에도 좋고, 재료를 다듬거나 잼을 포장하는 작업대로 활용하기에 그만이다.

2
입구 통창 앞에는 손님 테이블
작업실을 방문하는 손님을 위해 마련한 자작나무 테이블과 원목 의자. 통창 너머 햇살을 받으며 앉아 담소를 나누기에 좋다. 테이블은 인터넷 쇼핑몰에서, 의자는 중고나라에서 구입한 것.

3
아일랜드 옆 미니 판매대

2단 나무 선반을 미니 판매대로 활용한다. 친언니가 만드는 패브릭 소품과 남대문에서 직접 구입한 잼 관련 소품들을 저렴한 가격에 판매한다.

4
창고를 분리하는 벽돌 가벽

조리공간인 싱크대와 뒷 창고를 분리하기 위해 시멘트 벽돌 가벽을 이용했다. 벽돌 중간중간이 뚫려 있기 때문에 답답해 보이지 않는 것이 장점.

5
압축봉과 패브릭으로 가벽처럼

창고 공간으로 사용하는 냉장고 뒤쪽은 패브릭을 고정시켜 가벽처럼 활용했다. 압축봉으로 고정시키고 패브릭을 걸었다.

Owner's Pick-up!

SPECIAL SPACE

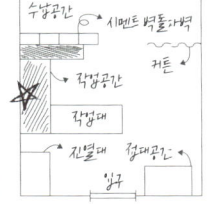

가장 많은 시간을 보내는 싱크대

하루 종일 작업실에 있어도 싱크대 안쪽에서 바깥쪽으로 나올 일이 거의 없을 정도로 작업에 몰두한다. 그래서 싱크대 안쪽 조리 공간이 그녀에겐 가장 편안하면서도 즐거운 공간이다. 다양한 재료를 다듬어 잼을 만들고 테스트를 하다 보면 시간가는 줄 모를 정도. 잼 재료 영수증을 정리하거나 가계부를 기록하는 아일랜드도 그녀가 사랑하는 공간.

HER Self-interior IS...

심플, 내추럴 스페이스

특별하게 정해진 스타일을 추구했던 것은 아니었다. 심플하면서도 편안하고 아기자기한 것을 좋아하는 자신의 취향에 맞게 하나하나 하다 보니 지금의 스타일이 되었다. 누구는 북유럽 스타일 같다고 하고, 누구는 일본풍의 내추럴 스타일이라고도 했다. 하지만 특정한 스타일로 얘기하기보다 잠시 들르기 좋고, 이야기하기 좋고, 잼과 함께 티타임을 즐기기에 좋은 곳으로 만들고 싶었다. 그래서 자신만의 스타일로 오랜 시간에 걸쳐 인테리어를 완성했다.

₩ TOTAL COST

공사비	총 금액 약 300만원
▶ 내장 공사비	싱크대 약 180만원, 수도공사 6만원, 조명 약 20만원, 페인트 약 10만원, 바닥 약 50만원, 기타 34만원
상품 매입비	약 300~400만원
▶ 냉장고, 오븐 구입비	약 150만원, 그밖의 집기류 구입 약 150~250만원

Styling tip

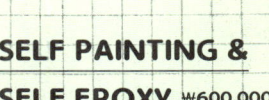

투톤 페인팅과 바닥 에폭시
차분한 느낌을 주기 위해 천정은 블랙으로, 벽은 은은한 아이보리 컬러를 택했다. 바닥은 에폭시로 마무리.

말린 꽃 엽서
허전한 벽면은 말린 꽃 엽서와 드라이플라워로 장식했다. 말린 꽃 엽서는 프리마켓에서 구입했고 드라이플라워는 선물 받은 것.

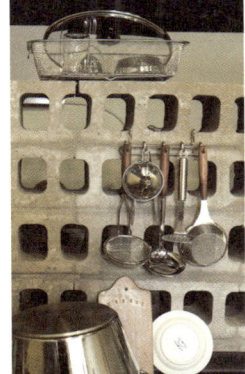

시멘트 벽돌 가벽
시멘트 벽돌을 쌓아 가벽을 만들었다. 벽돌의 수평 잡기가 힘들었지만, 벽돌 구멍을 이용해 조리도구 보관용 철제 수납함을 둘 수 있어 힘들게 만든 보람이 있다.

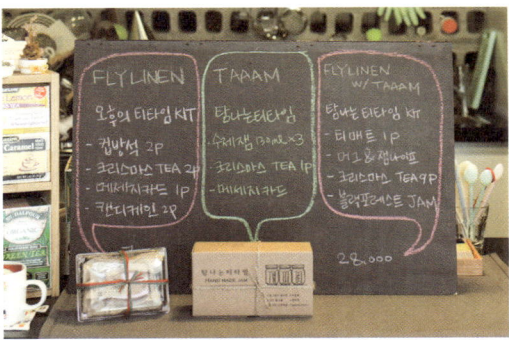

칠판 메모판
칠판 메모판은 합판에 칠판 페인트를 칠한 후 분필로 메모를 적은 것. 그때그때 스페셜로 판매하는 잼에 대한 설명을 적어 둔다.

SELF PAINTING & SELF EPOXY ₩600,000

STEP 01

철거 후 청소하기
이전 주인이 사용했던 집기류나 천장, 바닥의 먼지 등을 깔끔하게 제거한다.

STEP 02

롤러로 천장 칠하기
천장은 블랙, 벽은 아이보리로 칠하기 위해서 구분해줄 지점을 비닐로 표시한 후, 롤러로 칠했다.

STEP 03

바닥 시멘트 작업
타일 바닥 위에 시멘트를 부어 전체적으로 평평해지도록 바른다. 2~3일 정도 완전히 건조시켰다.

STEP 04

바닥 에폭시 바르기
시멘트가 완전히 마르면 하도제를 바르고 그 위에 다시 상도제를 바른다. 말리고 바르고 하는 과정을 여러 차례 반복한다.

니팅 작업실

손끝으로 만드는 세상

8평

MINI INFO

작업실 명	POCO GRANDE(포코그란데)
오너	니트 디자이너 강보송
컨셉트	니팅 작업실 + 쇼룸
규모	8평
위치	서울시 종로구 누하동 83-3
문의	www.poco-grande.com 02-6225-1786

HER Workroom IS...

"포코그란데는 스페인어로 작다라는 의미의 'POCO'와 크다라는 의미의 'GRANDE'를 합성한 거예요. 작은 니트 소품을 사람들에게 선물하면 주는 사람이나 받는 사람이나 행복이 커진다는 의미죠. 작업실 이름처럼 행복을 주는 니트 소품을 만드는 뜨개 작업실이랍니다. 마치 오래 봐 온 듯 편안하고 익숙하면서 정감 가는 그런 공간이에요. 인형, 액세서리, 티매트 등 다양한 니트 제품과 주얼리까지 만날 수 있어요."

DAILY SCHEDULE

10:00	화·수요일 동대문시장, 남대문시장, 방산시장 시장 조사, 재료 구입
13:00	작업실 오픈, 하루 일정 확인
14:00	니트 작업, 디자인 작업
18:00 ~ 22:00	매장 정리, 니트 작업

HER Opening Story IS...

▶ **인생을 바꾼 특별한 캠페인**

금속공예 전공을 하던 강보송 씨는 대학교 때 우연히 아프리카의 신생아를 살리기 위한 '털모자 뜨기' 캠페인에 참가를 하게 되었다. 단순히 뜻깊은 캠페인에 참여하고 싶어서 뜨개질을 해보았는데 금속과는 다른 포근한 매력과 따스함에 놀라움을 금치 못했다. 그리고 뜨개질을 하는 동안 마음이 무척 평화로워진다는 것을 느끼게 되었다. 당장 취미로 뜨개를 시작했고 졸업 후 액세서리 회사를 다닐 때에도 시간이 날 때마다 뜨개질을 하곤 했다. 뜨개질을 할 때의 기분은 '자신만의 동굴' 속에 들어가 있는 편안함, 그 자체였다.

▶ **독학으로 배운 솜씨, 전문가가 되다**

손재주가 많은 그녀답게 전문적으로 뜨개 레슨을 받지 않아도 솜씨는 날로 늘어갔다. 책이나 동영상도 보면서 떠 보고 싶은 아이템이 나오면 서슴없이 도전했던 것들이 실력으로 쌓인 것. 잠시 중국 칭다오에 있는 액세서리 회사에 근무했을 때에도 외롭고 허전한 마음을 뜨개질을 하며 달랬고, 쉴 때에도 어디를 갈 때면 뜨개질감을 들고 다니면서 지하철이건, 카페에서건 손을 놓지 않고 뜨개질을 했다. 뜨개질은 그녀에게 위안이고, 친구고, 즐거움이고 행복이었다.

▶ **재미로 참가했던 프리마켓, 그리고 작업실**

영어강사로 일하면서 고등학교 친구들과 재미 삼아 이태원 우사단길에서 열리는 '계단장'에 참가하게 되었는데 자신이 만든 소품을 보고 사람들이 좋아하고 구매까지 하는 것을 보고 너무나 신기했다. 뭔가 해냈다는 뿌듯함과 오랜만에 느껴 보는 성취감까지, 순간순간이 행복한 시간들이었다. 이후 영등포구청이나 상암 월드컵 경기장에서 열리는 프리마켓 등에서 제품을 좋아해 주는 사람들을 만나면서

OPEN SCHEDULE

2013/10 작업실 계약

2014/10 공사 시작(총 1개월 반)
- 6주 전 청소, 입구 샷시 주문
- 5주 전 벽 합판 작업 의뢰, 벽 스테인 작업
- 4주 전 바닥 에폭시 작업
- 3주 전 선반 설치, 조명 작업
- 2주 전 가구 구입
- 1주 전 인테리어 스타일링, 작업실 정리

2014/11 오픈

고양이 털 알레르기가 있는 친구를 위해 만들기 시작한 고양이 인형 '그냥저냥이'.

깜찍한 곰 인형의 이름은 '곰곰히 생각해도 곰'. 재미있는 이름을 붙인 인형들이 많다.

밸런타인데이를 위한 커플 키홀더. 여러 가지 컬러의 실을 믹스해서 만든 것이 특징.

손뜨개로 만든 헤어 액세서리. 산뜻한 컬러감이 돋보이는 디자인으로 인기 있는 아이템 중 하나.

뜨게 제품 외에도 양모 펠트로 만들어진 개성 있는 제품들도 함께 판매하고 있다.

여름을 겨냥해서 만드는 매시 소재의 가방. 깔깔하면 서도 시원한 촉감이 포인트다.

직업으로 계속 해도 되겠다는 생각이 들었다. 점점 자신감도 생기면서 작업실을 열기로 마음먹었다. 완성품도 예쁘게 진열해 놓고, 뜨개실도 깔끔하게 정리해서 본격적으로 일을 해보고 싶은 생각이 절실했다.

▶ **서촌 오래된 골목길 안, 그녀의 아지트**

오래된 동네의 분위기를 좋아하는 그녀는 북촌에서 오래 생활했다. 대학생이 되어 지방에서 상경한 이후로 줄곧 북촌에서 살았다. 하지만 중국에서 회사 생활을 하고 돌아와 보니 북촌은 그녀가 알던 조용한 곳이 아니었고 너무 번잡스러워져 있었다. 이전 북촌의 풍경이 그리워서 북촌의 모습을 그대로 닮은 서촌에 정착하기로 했다. 지금의 작업실은 우연히 기르던 고양이가 죽자 인왕산에 묻어주러 지나가던 길에 알게 된 골목으로, 조용하고 한적한 동네가 마치 오래 알고 있던 곳처럼 친숙했다. 마침 새로운 주인을 기다고 있던 오래된 세탁소 자리가 있었고, 그녀는 망설임 없이 계약을 하고 자신만의 아지트로 만들었다.

HER Space IS...

3가지 공간으로 나눠 독립 공간처럼

그녀는 특히 작업실 공간 분할에 신경을 썼는데 다른 사람의 방해를 받지 않고 사적인 공간으로 쓸 개인 작업 책상은 가장 안쪽으로 두고, 그 옆쪽으로 클래스나 미팅용인 4인용 테이블을 놓았다. 입구에서 가까운 곳에 완성품을 판매하는 쇼룸 공간을 만들었다. 공간 분할을 쉽게 하기 위해서 가벽의 역할까지 해주는 수납장과 책상 등을 배치했다.

1
쇼윈도 앞은 쇼룸으로
쇼윈도 앞에 테이블을 놓고 뜨개 제품을 올려 두었다. 입구 왼쪽 벽에는 액세서리를 전시하는데 대부분은 액세서리 작가의 작품을 사입하거나 위탁판매하고 있다.

2
테이블을 두어 클래스나 미팅 장소로
클래스나 외부 손님 방문 시 미팅 장소를 위해 널찍한 테이블을 들였다. 여러 사람이 앉기에도 좋은 사이즈라 클래스를 열어 수강생들과 함께하기에도 충분하다.

3
선반은 빈티지풍으로 통일
벽에 설치한 선반은 빈티지 목재 숍에서 어렵게 구한 것. 상판만 구입하고 고정대는 을지로 철물점에서 구입해 직접 달았다.

4
화장실 빈티지 커튼으로
화장실 문이 그대로 노출되어 있어 커튼을 이용했다. 커튼은 문 위에 커튼 봉을 달고 인터넷 원단 숍에서 구입한 원단을 링 집게를 이용해 걸어 두기만 했다.

5
개인 작업 공간은 독립적으로
혼자 작업하는 책상은 작업실 가장 안쪽 코너에 두었는데 책상 앞쪽으로 키 큰 수납장을 배치해 입구에서는 책상이 잘 보이지 않도록 했다.

Owner's Pick-up!

SPECIAL SPACE

 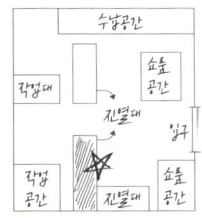

특별한 바람을 담은 진열장
작업실 책상 바로 앞 진 열장에는 그녀에게 아주 특별한 의미가 있는 손뜨개 인형들이 있다. 이 인형들은 아프리카 짐바브웨이 여인들이 만든 것으로, 그들을 돕기 위해 한국에서 판매를 그녀가 맡고 있다. 우연히 남아프리카 공화국 출신인 남편과 시어머니를 통해서 알게 된 이 제품들은 아프리카 여인들의 자립을 돕고자 하는 그녀의 바람을 담고 있기도 하다.

HER *Self-interior* IS...

오래된 농가처럼 따스한 빈티지 스타일

자로 잰 듯 정확하고 모던한 스타일보다는 편안하고 포근한 인테리어를 선호하는 그녀답게 작업실 또한 빈티지하면서도 따스한 분위기다. 전체적으로 목재를 많이 사용해 나무가 주는 안정감이 느껴지고, 레트로 풍의 가구들은 이국적인 멋을 자아낸다. 오랫동안 모아온 빈티지 스타일의 소품과 조명 역시 작업실의 분위기를 한층 더 빛내준다. 작업실 한쪽 벽 전체를 뜨개실 수납공간으로 활용한 센스가 돋보인다.

₩ TOTAL COST

공사비	총 900만원
▶ 외장 공사비	매장 철문 약 80만원
▶ 내장 공사비	벽, 천장 합판, 벽 수납장 목재 작업 700만원, 합판 스테인 작업과 에폭시 약 25만원, 조명 약 70만원, 기타 25만원
가구 구입비	약 300만원

Styling tip

합판 벽면
벽 전체 합판 작업은 건축업을 하는 아버지 도움을 받았지만 합판 위 페인팅 작업은 직접 했다. 연 핑크 펄과 주황빛 나는 스테인을 발랐다.

북유럽풍 가구
자잘한 소품이 많은 공간이기에 가구 스타일은 북유럽풍으로 모두 통일했다. 같은 컬러 톤으로 선택해, 따스한 느낌을 준다.

틈새 공간
뜨개실을 두는 수납공간 옆 틈새에는 뜨개실 샘플을 모아 두었다. 틈새 공간을 버리지 않고 활용한다.

컬러풀한 뜨개실
작업대 위에는 색색의 뜨개실을 철제 바구니에 담아 두던 그것만으로도 자연스러운 멋이 난다.

SELF PAINTING & EPOXY & REPLACE LIGHTING ₩ 1,000,000 이상

STEP 01

목공 작업 후 스테인 컬러 고르기
벽과, 천장, 그리고 수납공간을 위한 목공 작업 후, 어울리는 스테인 컬러를 고른다.

STEP 02

꼼꼼하게 스테인 칠하기
컬러를 정한 스테인을 붓으로 이용해 꼼꼼하게 바르고 잘 말린다.

STEP 03

핑크빛 도는 에폭시 작업하기
바닥은 연한 핑크 색이 도는 에폭시를 바르고 완전히 말린다.

STEP 04

빈티지 조명 달기
뜨개 완성품을 둘 테이블 위치를 정하고 빈티지 숍에서 사온 조명을 고정한다.

9평대

9평 팝아트 초상화 아틀리에 <with COLA-C>
다락방 패턴 연구소 <패턴팝 스튜디오>
실크 스크린 아틀리에 <print, make, love>
빌딩 숲 속 멀티 작업실 <김아람 작업실>
프로젝트 워크룸 <성지길 커피 앤 프로젝트>
아트 프린트 스튜디오 <Visual Collection>
골목 안 1인 미용실 <장싸롱>

9.5평 컨테이너 목공 작업실 <WOOGAMADE>

제일 행복한 순간의 기록
팝아트 초상화 아틀리에

9평

MINI INFO

작업실 명	with COLA-C (위드콜라씨)
오너	팝아트 아티스트 김미진
컨셉트	팝아트 작업실 + 레슨
규모	9평
보증금	1000만원 **임대료** 월 70만원
위치	서울시 마포구 서교동 397-10
문의	www.withcola-c.com

HER Workroom IS...

"팝아트 초상화를 그리는 작은 작업실이에요. 수많은 사람들의 각기 다른 사연과 사랑을 담아 행복한 얼굴을 그린답니다. 특별한 기념일을 위해 사랑하는 이에게 선물을 하거나, 행복한 가족의 순간을 그림으로 남기고 싶은 이들의 따스한 마음과 밝고 행복한 표정을 담아내지요. 직접 그리고 싶어 하는 사람들을 위해 클래스도 함께 하고 있어요."

 **DAILY SCHEDULE**

10:00	작업실 오픈, 청소
11:00	주문 확인, 스케줄 정리
13:00	오후 레슨 시작
16:00	주문 그림 작업
18:00 - 마감	저녁 레슨, 그림 작업

*팝아트 레슨 일대일 레슨으로 시간 조정해 결정

HER Opening Story IS...

▷ **좋아하던 취미가 직업으로**

그림 그리는 것을 좋아해서 우연히 시작한 팝아트. 단순히 취미로 시작했지만 생각 외로 재미있고 흥미로웠다. 그 즐거움에 개인 작업실을 얻어 완성한 작품은 블로그에 올리곤 했다. 처음엔 순전히 좋아하는 그림을 그리는 데만 몰두했기에, 전문적으로 주문을 받고 레슨을 할 생각은 아니었다. 하지만 블로그에 올린 작품을 본 블로그 이웃들이 돌잔치나 결혼식 포토 테이블에 올릴 팝아트 초상화에 대해 문의해 오고, 레슨을 받고 싶다는 이들도 점차 늘어났다. 혼자만 작업하기보다 팝아트를 좋아하는 이들과 함께하고 싶은 생각이 커졌고 그렇게 취미에서 완벽한 직업이 되었다.

▷ **햇살 잘 드는 3층 옥탑 작업실**

개인 작업실에서 수강생들과 함께하기 좋은 작업실로 바꾸기를 결심하고 좋은 장소를 찾아 발품을 팔았다. 수강생들이나 직접 주문하러 오고 싶은 이들이 쉽게 찾아올 수 있도록 접근성이 좋아야 하고, 조용하고 그림을 그리는 만큼 햇살이 잘 드는 곳이었으면 했다. 간절히 원한다면 이루어진다는 말처럼 그런 장소를 찾기 위해 고군분투한 덕분에 운명처럼 햇살 잘 드는 지금의 옥탑 작업실을 만나게 되었다. 평소 익숙하고 자주 오곤 했던 합정동인 데다 교통편도 좋고 무엇보다 번화한 곳에 있지만 소란스럽지 않고 조용한 점도 마음에 들었다. 평소 사진 찍는 것도 좋아하는데 주변에 예쁜 카페나 볼거리가 많은 것도 마음에 들었다.

▷ **사람들의 행복한 표정을 담는 작업**

팝아트 초상화는 사람들의 표정을 담는 그림이다. 얼굴을 크게 클로즈업하기 때문에 순간의 표정이 그대로 표현된다. 대부분 주문을 하면서 보내오는 사진들은 웃는 모습이 많은데 그 행복한 순간을 보고 그림을 그리다 보면 마음이 따스해지는 걸 느끼게 된다. 그리고 사

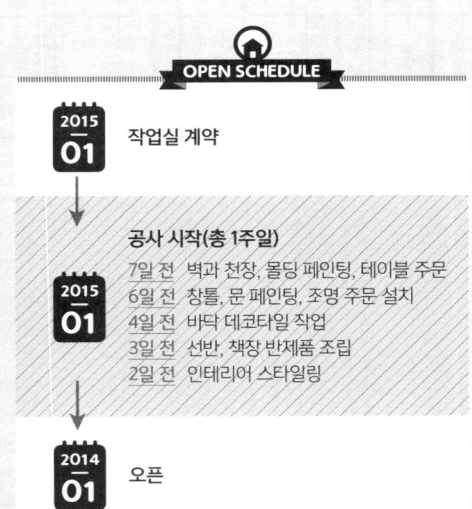

OPEN SCHEDULE

2015 / 01 작업실 계약

2015 / 01 공사 시작(총 1주일)
- 7일 전 벽과 천장, 몰딩 페인팅, 테이블 주문
- 6일 전 창틀, 문 페인팅, 조명 주문 설치
- 4일 전 바닥 데코타일 작업
- 3일 전 선반, 책장 반제품 조립
- 2일 전 인테리어 스타일링

2014 / 01 오픈

행복한 가족의 모습을 각각 다른 캔버스에 담은 팝아트 초상화. 가족 기념일에 많이 주문한다.

위드콜라씨에서 사용하는 아크릴 물감의 대부분은 그녀가 직접 조색해서 만든 컬러들이다.

돌잔치나 백일 등에 많이 주문하는 베이비 초상화. 깜찍한 아기의 표정을 캐치해 그린다.

작업용으로 쓰는 다양한 종류의 붓. 그림 도구들도 멋진 인테리어 소품이다.

짜서 바로 쓰기 쉽도록 해 둔 아크릴 물감. 레슨 시 수강생들을 위한 것.

주문 받은 팝아트 초상화를 포장할 때 사용하는 다양한 종류의 포장 끈.

람들의 다 다른 생김새와 표정을 만날 수 있어 신기하면서도 재미있다. 그녀가 매일 늦게까지 작업실에서 그림을 그리며 작업에 몰두하는 이유 중 하나다. 행복한 사람들의 얼굴을 마주할 수 있다는 것은 큰 행운이라고 지금도 생각한다.

▶ **엄마와 아이, 데이트 커플, 가족까지**

그녀의 레슨을 듣는 이들은 아주 다양하다. 이색 데이트 장소로 찾아오는 커플부터 엄마와 아이, 그리고 사랑하는 이에게 선물할 그림을 직접 그리고 싶어 찾아오는 이들까지… 사실 처음에는 그림을 잘 못 그려도 되냐는 질문을 많이 한다. 그림을 꼭 잘 그려야만 할 수 있는 건 아니다. 먼저 밑그림을 잡아 주고 어떻게 채색을 하면 좋을 지 알려 주기 때문에 누구나 할 수 있다. 게다가 정성이 가득 들어가니 그 자체만으로도 훌륭하다. 개인 작업에 바쁘면서도 레슨을 등한시하지 않는 것도 이런 이유다. 그림을 그리는 동안 사랑하는 누군가를 생각하는 것만으로도 값진 일이니까 말이다.

HER Space IS...

똑똑하게 나눠 쓴 작업 공간

팝아트 초상화를 그리는 개인 작업 공간과 레슨을 위한 공간 그리고 주문받은 작품을 포장하기 위한 포장대, 각종 재료를 보관할 수 있는 수납공간까지… 의외로 필요한 공간이 많았다. 그녀가 찾은 해법은 먼저 개인 작업 공간과 레슨 공간을 하나로 통합하고, 용도에 맞게 가벽을 세워 공간을 분리하는 것. 작업실 중앙에 큰 테이블을 놓아 개인 작업과 레슨을 할 수 있도록 했다.

1
중앙에는 레슨과 작업을 위한 넓은 작업대

개인 작업뿐 아니라 여러 명이 함께 하는 레슨을 위해서는 넓은 작업대가 필요해 작업실의 중앙에 이 작업대를 놓았다. 페인팅 작업하기에 아주 실용적인 철제 테이블은 블로그 이웃에게 특별히 주문해서 제작한 것.

2
햇살 좋은 창가는 잠시 쉬는 휴식 공간

햇살이 기본 좋게 하루 종일 쏟아지는 창가에는 벤치를 놓았다. 작업을 하다가 잠시 쉬기도 좋고, 작업실을 방문하는 손님들이 앉기에도 그만이다. 벤치는 반제품을 구입해 직접 조립한 것으로 촬영 소품으로 쓰던 것을 가져와 재활용했다.

3
수납 겸 가벽은 원목 선반으로
온라인 주문을 받는 만큼 포장 박스가 엄청나다. 이 포장 박스를 수납하기 위해 빅 사이즈 책장을 활용했다. 책장을 배치해 가벽의 역할을 하도록 했다.

4
싱크대 공간은 책장으로 커버
물감을 다루는 작업이라 싱크대가 꼭 필요했는데 보기가 좋지 않았다. 그래서 3단 책장을 싱크대 앞에 두어 가벽을 만들었다.

5
제일 안쪽 공간에서 포장 작업
원목 책장 뒤 안쪽에는 포장을 하는 포장대를 두었다. 지저분한 것들을 포장대 근처에 수납하기에도 좋고, 포장하기에도 편리한 공간이다.

Owner's Pick-up!

SPECIAL SPACE

 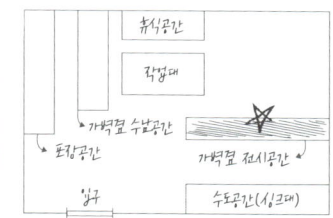

작품을 전시하는 미니 쇼룸
싱크대를 가려 주는 가벽의 역할을 하는 책장은 사실 전시 공간의 역할이 크다. 작업했던 팝아트 초상화를 주로 전시한다. 작업실을 방문하는 손님들에게도 가장 인기 있는 공간이다.

HER Self-interior IS...

경쾌한 스튜디오처럼 밝고 환하게

그녀의 두 번째 작업실의 콘셉트는 '화사한 스튜디오'다. 밝고 기분 좋은 공간으로 꾸미고자 메인 컬러는 화이트로 잡았다. 여기에 철제 테이블과 독특한 파이프 조명으로 인더스트리얼한 스타일을 더해 그녀만의 색다른 스튜디오로 탄생시켰다. 선반과 가벽용 책장 등은 반제품으로 구입해 직접 조립했고, 창틀은 톤 다운된 블루 컬러로 페인팅했다. 낮에는 햇살이 잘 들어오지만 집중도를 높이기 위해 작업대 위에는 조명을 여러 개 설치했다.

₩ TOTAL COST

공사비	총 약 30만원
▶ 내장 공사비	천정, 벽, 창틀, 문 페인팅 약 15만원, 바닥 데코타일 약 10만원, 기타 약 5만원
작업대 제작비	약 30만원
그 외 가구 구입비	약 15만원

Styling_tip

파이프 조명
작업대 위 조명은 건물 배관 자재로 쓰이는 파이프를 달고 조명을 여러 개 겹쳐 만들었다. 공간도 밝고 환해지고 인더스트리얼한 느낌도 물씬 풍긴다.

아크릴 물감
팝아트 작업에 쓰이는 다양한 컬러의 아크릴 물감을 투명 통에 넣어 창가에 조르륵 세워 두었다. 알록달록한 컬러로 창가 표정이 한결 환해진다.

블루 페인팅
작업실의 메인 컬러는 화이트이지만 포인트 컬러는 블루를 선택했다. 창틀과 욕실 문, 현관문에 살짝 톤 다운된 블루 컬러로 직접 페인팅했다.

미니 갤러리
특별히 전시 공간을 따로 정해 두지는 않는다. 특히 작업이 덜 끝난 작품들은 벽에 자연스럽게 기대어 두는데 그 자체로도 내추럴하고 멋스럽다.

SELF PAINTING & FLOOR
₩150,000

STEP 01

벽지용 페인트 고르기
벽지용 페인트를 고른 후 벽지 위에 롤러를 이용해 꼼꼼하게 바른다.

STEP 02

창틀과 문에 칠할 페인트 덜기
창틀과 문은 톤 다운된 블루 컬러 페인트를 골랐다. 바르기 쉽도록 페인트를 덜어서 브러시로 바른다.

STEP 03

젯소 작업 후 바르기
컬러가 제대로 나오게 하려면 먼저 젯소를 전체적으로 바르고 그 위에 페인트를 여러 차례 덧바른다.

STEP 04

창틀에는 마스킹 테이프 붙이고 칠하기
유리창 틀에 칠할 때는 유리에 묻지 않도록 마스킹 테이프로 밑 작업을 한 후에 페인트를 칠한다.

패턴 스튜디오

보물 가득한 다락방

9평

MINI INFO

작업실 명	패턴팝 스튜디오
오너	패턴 아티스트 강보람
컨셉트	패턴 디자인 작업실 + 레슨 + 쇼룸
규모	9평
보증금	1300만원 **임대료** 월 100만원
위치	서울시 마포구 합정동 411-14
문의	ullook85.blog.me 070-8777-2876

HER Workroom IS...

"패턴을 연구하고, 패턴 디자인에 관심 있는 이들을 가르치기도 해요. 패턴은 패브릭부터 문구, 인형, 휴대폰 케이스 등의 소품까지 다양한 아이템에 들어간답니다. 패턴에 대한 관심이 높아지면서 점차 찾아오는 이들도 많아지고 있죠. 그들을 위해 완성된 작품들과 재밌는 소품을 전시하기도 해요. 도심 한가운데 있지만 시골 다락방 같은 아늑한 작업실이에요."

 **DAILY SCHEDULE**

10:00 작업실 오픈

11:00 진행 상황 확인, 업체 미팅, 오전 스터디 수업

13:00 패턴 디자인 작업

14:00 오후 스터디 수업, 개인 작업

18:00 ~ 마감 저녁 스터디 수업, 개인 작업

*패턴 스터디 수업 5명 이내로 맞춤별 수업으로 진행. 수강 시간도 클래스별로 정함.

HER Opening Story IS...

▶ **패턴 : 연속되거나 반복되는 일정한 모티브**

패턴 아티스트. 대부분의 사람들이 생소해 하는 직업이다. 강보람 씨는 실생활에 많이 활용되고 있지만, 실제로 사람들이 접하는 것에 비해 덜 알려진 패턴을 좀 더 알리고 싶어 이 일을 시작했다. '패턴'은 디자인적으로는 어떤 모티브가 연속적으로 반복되는 것으로 가방이나 패브릭, 문구, 인형 등 다양한 소품에 등장한다. 어떤 아이디어로 만들어 내느냐에 따라 디자인도, 만들 수 있는 아이템도 무궁무진하다. 정해진 것 없이 생각나는대로 마음대로 해 볼 수 있다는 것, 전혀 예상하지 못한 의외의 결과물을 만나게 될 수 있다는 매력은 생각보다 감동적이고 즐거운 일이다. 우연한 기회에 시작했지만 평생 직업으로 그녀가 택한 것도 이런 이유에서였다.

▶ **문예창작 학도에서 패턴 아티스트로**

디자인을 전공했으리라는 예상을 깨고 그녀의 학부 전공은 문예창작학이었다. 미술이나 디자인과는 전혀 상관없는 분야이지만 창작이라는 큰 틀에서는 어느 정도 통하는 부분이 있어서인지 처음 접했을 때에도 아주 낯설거나 어렵지는 않았다. 사실 글을 쓸 때는 내면적으로 어두운 기운이 많았었는데 패턴 디자인을 할 때는 기분도 좋아지고 즐거워졌다. 때문에 과감히 진로를 바꾼 것이다. 하지만 쉽지는 않았다. 생소한 디자인 공부를 처음부터 한 단계, 한 단계 밟아 가야 했고, 패턴 디자인에 관해서만 상세하게 교육하는 기관도 없었다. 스스로 익히고 연습하는 수밖에 없어 해외 자료를 보고, 관련 서적을 보며 거의 독학으로 실력을 키워 나갔다.

▶ **든든한 지원자, 파트너, 동반자**

문구나 소품으로 완성품을 만드는 일에도 직접 뛰어들었는데 정말 쉽지 않았다. 노트 하나, 원단 하나 만들기 위해 무작정 공장에 찾아가고 거절 당하면 또 다른 곳을 찾아가는 등 도전의 연속이었다. 사실 여자의 몸으로 혼자서 하

OPEN SCHEDULE

- **2014/11** 작업실 계약
- **2014/11** 공사 시작(총 1주일)
  - 7일 전 조명 구입, 조명 설치
  - 5일 전 테이블, 의자, 작업대 설치
  - 3일 전 인테리어 스타일링
- **2014/11** 오픈

패턴 디자인 수강생들과 함께 만든 독립 매거진, '디자인 레시피'. 계간지로 현재 3호째 발행 중.

자연을 주제로 한 패턴 디자인을 담은 패키지 박스. 귀여운 디자인과 감성적인 색채가 특징.

'꿩'을 모티브로 한 전통 무늬가 포인트인 클러치. 다양한 컬러 배합이 멋스러운 작품이다.

'바퀴'를 모티브로 한 패턴 디자인 노트와 '하늘의 구름'에서 영감을 받은 그림으로 디자인한 노트.

인디 음악 작업을 하는 남자친구 우기다의 앨범 패키지 작업도 직접 참여했다. 노트가 함께 들어 있는 앨범.

전형적인 패턴 디자인을 보여 주는 이색적인 엽서들. 다양한 컬러의 조합이 이채롭다.

기엔 어려운 일 투성이었다. 특히 현장의 거친 사람들과 상대하는 일은 더더욱 힘들었다. 그렇기에 사업 파트너로 그녀의 곁에 있어 주는 남자친구가 있어 든든했다. 지금의 작업실에서 여러 분야에서 활동하는 수강생들의 그림과 글, 카툰을 담은 디자인 매거진 만드는 일도 그와 함께 했기에 가능했던 일이었다.

▶ **합정동 다락방 같은 두 번째 작업실**

그녀의 첫 작업실은 지금보다 훨씬 작고 위치도 썩 좋지 않았다. 수강생들이 수업을 받으러 오기에도 불편해 해서 좀 더 찾기 쉬운 곳으로 작업실을 옮기기로 했다. 볼거리, 즐길거리가 많은 곳을 찾다 보니 자연스레 홍대 쪽으로 시선이 가게 되었다. 몇 개월을 인터넷을 통해 알아보고 직접 발로 뛰어 홍대, 합정, 연남동 구석구석 찾아다녔다. 그러다 운명처럼 지금의 작업실을 발견했다. 사람들이 찾기 쉬운 대로변 3층. 의외로 조용하고 햇살 잘 드는 오래된 다락방 같고 아지트 같은 공간. 보는 순간 오래된 듯 익숙하고 편안했다. 두 번째 작업실에서 그녀는 또 다른 도전과 꿈을 향해 한 걸음 나아갈 준비를 하고 있다.

HER Space IS...

가정집 같은 편안하고 안락한 분위기

오래된 나무 미닫이문을 열고 들어가면 가정집 같은 그녀의 작업실이 나온다. 한 공간으로 트여 있는 게 아니라 방이 따로 있어 실제로 가정집 같은 분위기다. 작은방은 컴퓨터 작업을 하는 그녀의 개인 공간이고, 거실 같은 공간은 작은 쇼룸이자 스터디, 미팅도 하는 응접실이다. 사람들과 소통할 수 있도록 개인 작업 공간의 책상은 입구 쪽을 바라보도록 했다.

1
한쪽 벽을 분할해 만든 미니 쇼룸
넓은 벽 쪽으로 테이블을 놓고 미니 쇼룸을 만들었는데 테이블 2개를 붙이지 않고 각각 조금씩 다른 분위기로 연출했다. 한쪽은 패턴 디자인 제작 상품 위주로, 다른 한쪽은 제작 상품과 그동안 모은 소품을 함께 디스플레이했다.

2
집중, 또 집중을 위한 개인 작업방
개인 작업 공간은 작은방에 두었다. 문이 있어서 실제 작업에 방해를 받고 싶지 않을 때는 닫아 둔다. 이 공간에는 또 다른 재미가 있는데 바로 미니 다락이다. 다락의 문을 떼고 재밌는 소품으로 동화 같은 공간으로 연출했다.

3
가벽용 미니 라이브러리
실제 가정집으로 사용했던 곳이라 작은 주방이 있다. 이 주방을 가리기 위해 파티션을 설치하고 파티션을 미니 서재처럼 이용한다.

4
수강생들을 위한 스터디 공간
쇼룸 맞은편에는 미니 테이블 2개를 붙인 스터디 공간이 있다. 실제 패턴 수업을 할 때 주로 이용하며, 클라이언트를 위한 미팅 장소로도 활용한다.

5
창밖 바깥 풍경까지 들이기
쇼룸 겸 스터디 공간의 창은 커튼 없이 바깥 풍경과 어우러지도록 그대로 두었다. 외할머니가 즐겨 쓰시던 다듬이돌을 가져와 작은 가든을 만들었다.

Owner's Pick-up!

SPECIAL SPACE

 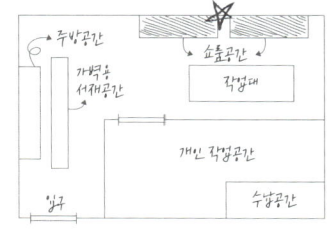

패턴팝 스튜디오를 보여 주는 미니 쇼룸
작업실 공간 중 그녀에게 가장 소중한 곳은 쇼룸이다. 그동안의 열정을 담은 다양한 작품을 전시해 두었고, 하나둘 정성스레 모은 갖가지 소품들이 전시되어 있기 때문이다. 그래서 매일 들여다보고 새로운 제품을 넣기도 하고 배치도 바꾸어 보면서 분위기에 변화를 준다.

HER Self-interior IS...

장난감이 가득한 빈티지 소품 창고

처음 작업실을 어떻게 꾸밀지 고민했을 때 문득 떠오르는 기억이 있었다. 예전 일본 여행에서 발견한 다락방 같은 소품 숍이 그곳이다. 겉으로 보기에 소품 숍이 있을 것 같지 않은 오래된 계단을 올라가 내부로 들어서는 순간, 상상치 못한 보물들이 눈앞에 펼쳐졌다. 그때의 감동을 표현하고 싶어 다락방 보물 창고 같은 분위기로 연출했다. 소품과 가구만으로 스타일링해 유럽과 일본 스타일의 빈티지를 믹스한 색다른 공간을 만들었다.

ⓦ TOTAL COST

가구 및 소품   총 금액 약 300만원

➤ **실내 인테리어**   가구 구입 약 100만원,
　　　　　　　　　조명 약 100만원, 소품 구입 약 100만원

Styling tip

빈 공간에도 데커레이션
코너 벽면에는 직접 그린 패턴 그림을 걸고, 아래에는 미니 벤치를 놓고 드라이플라워를 올려두었다.

레일 등과 빈티지 조명
레일 조명과 다양한 빈티지 조명을 믹스해 인테리어 효과도 그만이다. 조명은 인터넷과 근처 조명 숍에서 구입한 것들로 직접 설치했다.

놀이동산 다락
개인 작업실 방 안쪽의 작은 다락은 놀이동산 분위기로 만들었다. 처음에는 수납 창고로 쓸까도 생각했지만 재미있는 공간을 버리기 아까워 아이디어를 냈다.

소품 걸이
오래된 빈티지 자를 못으로 박아서 재미있는 걸이를 만들었다. 소품을 걸어 두니 벽면이 한층 살아난다. 그 옆으로는 나무 상판 선반을 놓고 액자와 소품을 올렸다.

SELF DIY & WOODBLIND
₩1,000,000

STEP 01

파티션에 선반 달기
원목 파티션에 폭이 좁은 선반을 따로 달아서 책 수납용으로 사용한다.

STEP 02

레일 등과 빈티지 등 믹스하기
레일 등은 천장 한가운데 설치하고, 빈티지 등은 포인트가 되도록 곳곳에 설치한다.

STEP 03

블라인드 고정대 천장에 고정시키기
주문한 우드 블라인드의 고정대를 나사못을 이용해 천장에 고정시킨다.

STEP 04

우드 블라인드 달기
우드 블라인드를 꺼내 천장 고정대에 고정시키면 완성. 설치 후에는 잘 작동하는지 확인이 필수다.

감성파 아티스트의
실크 스크린 아틀리에

9평

MINI INFO

작업실 명	print, make, love(프린트메이크러브)
오너	실크 스크린 아티스트 양지선
컨셉트	실크 스크린 작업실 + 레슨 + 쇼룸
규모	9평
보증금	1000만원　**임대료** 월 100만원 이하
위치	서울시 서대문구 연희동 116-5
문의	blog.naver.com/fruitsrush

HER Workroom IS...

"실크 스크린으로 다양한 소품을 만들고 가르치고 있어요. 가방이나 쿠션 등 패브릭으로 만드는 소품에 그림을 입히는 작업이죠. 패브릭뿐만 아니라 옷이나 패션 소품, 문구 등에도 다양한 실크 스크린 작업을 할 수 있어요. 흔히들 판화가나 할 수 있는 일이라 생각하지만 의외로 쉽고, 실생활에 필요한 아이템에 다양하게 활용할 수 있답니다. 좀 더 많은 사람들이 실크 스크린을 알게 되고 그 재미를 느껴 보았으면 하는 바람이에요."

DAILY SCHEDULE

10:00	작업실 오픈
11:00	오전 레슨
13:00	오후 레슨 시작, 개인 작업
18:00 ~ 마감	저녁 레슨 시작, 개인 작업

*실크 스크린 레슨 정원은 3명 이하이며, 시간은 개별 상담으로 정함.

HER Opening Story IS...

▷ **생소한 실크 스크린을 알리다**

조용한 주택가 골목 안에 실크 스크린 아티스트 양지선 씨의 작업실이 있다. 간판은 없지만 파란 외관이 꽤나 독특한 탓에 지나가는 사람들의 시선을 잡는 곳이다. 안이 훤히 비치는 통창 안으로는 사람들이 바쁘게 무언가를 찍어 내고 있고, 다양한 그림들이 여기저기에 걸려 있다. 쇼윈도에 전시된 실크 스크린 소품이 없다면 과연 뭐하는 곳인지 고개가 갸우뚱거려질 만큼 생소한 풍경이다. 사실 실크 스크린 소품을 보고도 어떤 작업실인지 몰라서 고개를 갸우뚱하며 쇼윈도를 한참 들여다보는 이들도 있다. 실크 스크린은 공판화의 일종으로, 나무 또는 금속의 테에 붙인 실크나 나일론 등의 가는 구멍을 통해 스퀴저로 잉크나 물감을 판 아래에 놓인 소재에 직접 인쇄하는 기법이다. 판화를 전공한 양지선 씨는 실크 스크린이 의외로 우리 실생활에 유용하게 쓰일 수 있다는 걸 사람들에게 알리고 싶은 마음에 지금의 작업실을 열게 되었다.

▷ **그림 하나의 무한 변신**

실크 스크린의 매력은 단연 그림 한 점으로도 수만 가지 프린트가 가능하다는 점이다. 그림만 있으면 다양한 잉크나 물감으로 패브릭 소품부터 문구, 의상, 액세서리까지 다양한 아이템에 찍어 낼 수 있다. 게다가 핸드메이드인 만큼 직접 만드는 재미도 느낄 수 있고, 감성을 고스란히 표현하기에도 좋다. 그녀 또한 이런 매력에 실크 스크린에 푹 빠지게 되었고, 단순히 감상만 할 수 있는 그림 작품보다 훨씬 유용하다고 생각하게 되었다. 사실 미술 전공자가 아니더라도 쉽게 실크 스크린을 접할 수 있고 일정 기간의 레슨만 받는다면 전공자 못지않은 실력을 키울 수도 있다.

▷ **미니 복층의 아담한 작업실**

처음에는 개인 작업에만 몰두하고 작품을 블로그에 올리는 게 다였다. 하지만 블로그를 보고 실크 스크린을 배우고 싶어 하는 이들이 많아지면서 점차 레슨을 겸한 작업실이 필요해

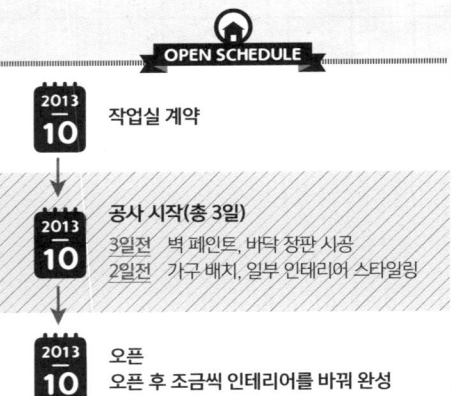

OPEN SCHEDULE

- 2013/10 작업실 계약
- 공사 시작(총 3일)
  - 3일전 벽 페인트, 바닥 장판 시공
  - 2일전 가구 배치, 일부 인테리어 스타일링
- 2013/10 오픈
  오픈 후 조금씩 인테리어를 바꿔 완성

다양한 패턴을 겹치고 위치를 바꿔서 만든 실크 스크린 쿠션. 그녀의 수강생 작품이다.

핸드메이드로 만든 가죽 지갑에 야자수 그림의 실크 스크린을 입혔다.

실제로 실크 스크린을 하기 전에 다양한 디자인을 테스트해 보는 작업을 거치기도 한다.

에코백을 동대문 시장에서 구입해 그 위에 실크 스크린으로 야자수 프린트를 넣은 것.

그녀가 즐겨 사용하는 모티브는 자연이다. 꽃잎이나 나뭇잎, 나뭇가지, 드라이플라워 등이 많이 등장한다.

나무판에 색다르게 작업한 작품. 고양이가 움직이는 생동감을 생생하면서도 감성적으로 표현했다.

졌다. 이왕이면 주변에 이런 작업실이 많고 조용한 곳을 원했다는 그녀. 우연히 찾은 연희동 주택가 골목에서 지금의 작업실을 만났다. 무엇보다 조용하고 정감 가는 동네 분위기가 너무 좋았다. 게다가 미니 복층 구조도 마음에 들었다.

▶ **꾸미지 않아 소박한 멋**
그녀의 작업실은 이렇다 할 만한 인테리어가 없다. 이전 도자기 공방이었던 흔적이 아직 작업실 곳곳에 남아 있을 만큼 새로 인테리어를 한 부분도 많지 않다. 고작 작업실 벽면을 칠하고, 바닥 장판만 바꾸고, 가구를 들이고, 조명을 바꾸었을 뿐이다. 가구들도 얻거나 리폼하거나 저렴한 가격에 구입한 것들이 대부분이다. 그럼에도 작업실 곳곳에 무심히 걸어 둔 드라이플라워와 실크 스크린 작품들의 묘한 어우러짐이 소박하면서도 멋스럽다. 전 주인이 시공했던 타일 바닥이 여전히 남아 있고, 군데군데 낡은 느낌을 주지만 개의치 않는다. 아직은 작은 작업실을 운영하는 탓에 근사한 인테리어는 생각하지 않는다며 말하지만, 자연스럽게 어우러지는 작업실 풍경이 오히려 정겹다.

HER Space IS...

작업 동선을 고려해 편리하게 구조 배치

작업실의 아래층은 레슨과 개인 작업을 위한 메인 작업 공간으로, 작은 미니 복층은 컴퓨터 작업이나 잠시 휴식을 위한 공간으로 활용한다. 편리한 작업을 위해 메인 작업대, 감광실, 종이 보관대 등은 최대한 동선이 짧도록 배치했다. 통창 앞은 쇼룸 공간으로 이용하고, 작업하는 모습을 살짝 커버하고 싶을 때는 쇼룸 안쪽 블라인드를 내린다.

1
미니 복층은 컴퓨터 작업, 혹은 친구와 쉐어

몇 개의 계단만 올라가면 컴퓨터 작업용 테이블과 의자가 놓인 미니 복층이다. 여기에선 잠시 쉬거나 다른 업무를 본다. 다른 작업을 하는 친구와 공간을 쉐어하고 있기도 하다.

2
작업실 안쪽에는 감광 공간

실크 스크린 작업에 꼭 필요한 감광 작업을 위한 공간은 작업실 안쪽을 이용한다. 레일 커튼을 설치해 빛이 들어가지 못하도록 하고, 테이블 위에 감광기를 올려 두었다.

3
블라인드로 쇼룸과 작업 공간 분리
통창이라 작업실 내부가 훤히 보이는데 통창 앞 쇼룸 공간과 작업 공간이 분리가 되지 않는 것 같아 그 사이에 블라인드를 설치했다.

4
개인 작업과 수강 레슨을 동시에
작업실 한가운데는 테이블이 두 개 놓여 있다. 평소에는 개인 작업을 하고, 레슨이 있을 때는 붙여서 레슨 공간으로 활용한다.

5
수납공간은 벽 쪽으로
물감이나 붓 등 필요한 도구 수납은 벽 쪽을 이용했다. 미니 복층 올라가는 계단 옆 벽면에 3단 책장을 놓고 필요한 도구들을 넣어 두었다.

사람들과 함께하는 즐거운 메인 작업대
같은 것을 좋아하는 이들과 함께하는 시간은 늘 즐겁다. 그렇기에 그녀가 가장 아끼는 공간도 수강생들과 함께하는 메인 작업대이다. 물론 그녀 자신의 작품을 만드는 공간이기도 해서 더욱 특별하다.

HER Self-interior IS...

화이트 컬러의 빈티지 인테리어

미니 복층은 특이하고 재미있는 구조이지만 자칫 좁은 공간이 더 작아 보일 수 있다. 그래서 작업실 벽면과 천장은 화이트 컬러로 골랐다. 넓어 보이면서 어떤 가구를 놓아도 잘 어울릴 수 있기 때문. 그리고 기존에 사용하던 가구들을 최대한 재활용했고, 실크 스크린 작품들로 인테리어 포인트를 주었다. 가급적 화려한 인테리어 소품은 배제해 실용적인 스타일링으로 보이게 했다. 전체적으로는 심플하고 아늑한 빈티지 스타일로 완성했다.

TOTAL COST

공사비	총 금액 약 60만원
▶ 내장 공사비	페인트 약 10만원, 바닥 장판 약 40만원, 기타 약 10만원
가구 구입비	약 70만원

Styling tip

SELF PAINTING
₩100,000

철제 가벽
수강생들이 직접 그린 그림과 테스트 프린트, 드라이플라워로 장식한 철제 파티션. 뒤쪽 싱크대 공간을 가리기 위한 가벽이다. 철제 파티션은 공간을 분리하거나 소품을 걸기에도 실용적이다.

타공판
미니 복층으로 올라가는 계단 옆 빈 공간에는 철제 타공판을 걸어 두었다. 타공판에 자석을 붙여 두면 철제 도구를 깔끔하게 보관하기 좋다. 타공판은 인터넷 쇼핑몰에서 주문한 것.

STEP 01
벽면, 천장 닦기
페인트가 골고루 잘 묻게 하려면 먼저 벽면과 천장에 묻어있는 오염이나 먼지 등을 제거해야 한다.

STEP 02
수성 페인트 고르기
벽면에는 수성 페인트가 좀 더 바르기 쉽다. 수성 페인트에 물을 적당량 섞는다.

STEP 03
롤러와 브러시로 칠하기
넓은 면적은 롤러로, 좁은 면적은 브러시를 이용해 칠한다. 깔끔하게 칠하려면 2~3번 반복.

STEP 04
환기시키며 말리기
친환경 수성 페인트를 사용하면 건조 시간도 빠르고 냄새도 거의 나지 않지만 페인팅 후에는 환기가 필수.

그림 보관대
드로잉한 그림들을 보관하는 그림 보관대 겸 건조대는 직접 주문해서 제작했다. 쇼룸 공간에 두어 전시 테이블로도 활용한다. 빈티지한 컬러감의 원목이라 더욱 자연스럽다.

빈티지 조명
은은한 불빛이 빈티지한 감성을 더한다. 인터넷 쇼핑몰에서 저렴하게 구입한 펜던트 조명으로 감각적인 인테리어 스타일링을 연출했다. 말린 꽃으로 장식을 더해서 멋지다.

빌딩 숲 속 동화 같은
일러스트 & 패션 작업실
9평

MINI INFO

작업실 명	김아람 작업실
오너	일러스트레이터 & ARS SEOUL 대표
컨셉트	일러스트 & 패션 작업실
규모	9평
보증금	500만원 **임대료** 월 50만원
위치	서울시 중구 소공동 112-23
문의	www.kimaram.com

HER Workroom IS...

"60년도 넘은 오래된 빌딩 속에 있는 일러스트 그림 작업실이 저의 공간이에요. 엘리베이터도 없는 아주 낡은 건물이지만 숱한 역사를 그대로 간직한 산 역사관이기도 하죠. 오래된 물건을 잘 버리지 못하는 저와도 많이 닮았어요. 이곳에서 그림도 그리고, 사람들도 만나고, 친구들과 함께 하는 여러 작업에 몰두하고 있답니다. 작업실 안에는 저만의 식물원도 있고, 카페도 있고, 서재도 있고, 앤티크 소품 전시장도 있어 더욱 특별해요."

10:00	작업실 오픈	
11:00	청소, 그날의 가장 급한 작업 우선 시작	
13:00 ~ 마감	일러스트 개인 작업, 패션 브랜드 관련 업무	

HER Opening Story IS...

▶ **도심 한가운데 시간이 멈춘 곳**

사람들로 북적이는 소공동 도심 한가운데 세월을 그대로 간직하고 있는 오래된 건물 하나. 마치 시간을 거슬러 온 듯 분위기가 묘한 그곳에 일러스트레이터 김아람 씨의 일터가 있다. 가파른 계단을 오르고 맞은 낡은 문을 열고 들어서면 창으로 쏟아지는 환한 햇살이 반기는 그림 작업실이 펼쳐진다. 마치 해외에 온 듯한 착각도 불러일으키는 곳이다. 이국적이면서도 빈티지하고, 그러면서 한국적인 분위기는 그녀의 모습을 그대로 닮은 듯하다. 이 작업실에서 그녀는 그림을 그리고, 음악을 듣고, 친구들과 옷과 소품, 오브제를 만든다.

▶ **우연히 시작한 일러스트레이터**

공업디자인을 전공한 그녀는 사회에 나온 후 화장품 브랜드 패키지 디자이너로 활동했다. 4년 넘게 직장 생활을 하다 회사를 그만두고 그림을 그리며 잠시 휴식기를 가졌었다. 그러다 평소 눈여겨보던 '폴 앤 앨리스' 신진 디자이너의 패션쇼를 우연히 관람하게 되고 생각지도 않게 친분을 쌓으면서 폴 앤 앨리스의 다음 시즌 룩 북을 맡게 되었다. 이후 룩 북 속 그녀의 그림을 보고 패션지와 그래픽 매거진 등에서 일러스트를 의뢰하면서 일러스트레이터로 새로운 삶을 시작하게 되었다. 평소 그림 그리는 걸 좋아했기에 매거진뿐만 아니라 다양한 분야에 활용되는 일러스트는 새로운 매력으로 다가왔다.

▶ **고(故) 앙드레 김의 옛 작업실**

첫 시작은 계동의 지하 작업실이었다. 햇빛도 잘 들지 않은 작고 작은 작업실에서 1년 반 정도 작업을 했다. 그러다 소공동 카페 '숲'을 운영하던 중 친구인 폴 앤 앨리스 주효순 실장의 소개로 지금의 작업실을 만나게 되었다. 낡은 건물에 엘리베이터도 없는 곳이었지만 이국적인 멋도 좋았고, 무엇보다 작업실 한쪽 창으로 들어오는 햇살이 아주 만족스러웠다. 다소 놀라운 건, 이곳이 바로 고 앙드레 김의 옛 작업실이었다는 사실. 왠지 예사롭지 않은 멋스러운 분위기도 다 그런 이유 때문이 아닐까. 더 이상 망설일 것도 없이 당장 계약을 했고 벌써 4년 넘게 이곳으로 출근하고 있다.

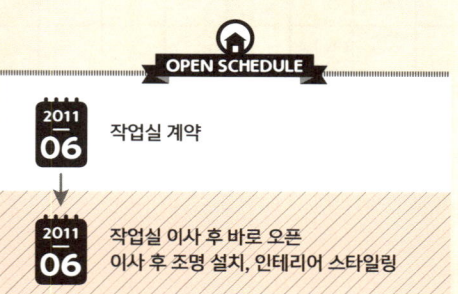

OPEN SCHEDULE

- 2011-06 작업실 계약
- 2011-06 작업실 이사 후 바로 오픈 / 이사 후 조명 설치, 인테리어 스타일링

빈티지 브러시는 해외여행 때 벼룩시장에서 우연히 발견해 구입한 것.

신비한 분위기의 작은 보석함. 친한 친구가 해외 여행을 다녀와 선물했다.

자연적인 것을 많이 훼손하지 않고 만든 소품들은 그녀가 좋아하는 아이템 중 하나다.

민속 자개함. 세월의 흔적을 고스란히 담은 듯 자연스런 멋이 나는 소품이다.

빈티지 향수도 그녀가 좋아하는 소품 중 하나. 이국적인 분위기가 멋스럽다.

네온 컬러 도일리로 싸여 있는 ARS SEOUL의 장식용 오브제 샹들리에.

코바늘 모티브로 제작한 유리병. 김아람 씨의 ARS SEOUL 브랜드에서 판매하는 오브제다.

ARS SEOUL 브랜드에서는 다양한 오브제와 조명 등도 판매한다. 나무볼로 만든 오브제.

▶ **이야기를 간직한 빈티지 보물 창고**

그녀의 작업실은 물건들이 정말 가득하다. 직접 작업한 그림이 한쪽 벽면을 채우고 있고, 작업실 곳곳에 빈티지한 가구와 소품, 책이 빼곡하게 들어차 있다. 물건을 함부로 버리지 않고 그대로 간직하기를 좋아하는 그녀의 성격을 그대로 보여 준다. 각기 다른 이야기를 담고 있는 듯한 빈티지 소품들은 여행을 다니면서 하나둘 모은 것들이다. 다르지만 묘하게 닮은 가구들은 모두 중고로 구한 것. 번쩍이는 새 물건보다 편안하고 장인이 만든 듯 잘 다듬어진 물건을 더 좋아하는 취향처럼 작업실도 아늑하고 정겹고, 그리고 신기한 것들로 가득한 보물 창고 같다.

HER Space IS...

그림 작업실, 미니 식물원, 빈티지 카페까지

그녀의 작업실에는 다양한 공간이 공존한다. 뭐든 자연스러운 걸 좋아하기에 그 흔한 가벽 하나 두지 않고 공간을 다양하게 영위하고 있다. 그런 까닭에 그녀의 작업실은 그림 작업실이지만 식물원 같고, 한편으로는 카페 같기도 하다. 자칭 '소공 식물원'이라 불리는 창가 미니 가든에는 좋아하는 화분이나 식물들을 두고, 그 옆에는 그동안 모아 두었던 빈티지 소품을 놓았다.

1
작업실 속 미니 가든, 소공 식물원

취미로 식물 키우는 것을 좋아해 하나둘 들여놓다 보니 이제는 창가 한쪽을 가득 채우고 천장에까지 화분을 걸어 둘 정도로 늘어났다. 에어플랜트나 다육식물, 봄에는 허브까지 가득해 작은 식물원을 연상시킨다.

2
가장 사랑하는 공간, 미니 카페

작업 중 잠시 쉬기도 하고, 손님들이 오면 함께 차를 마시며 수다를 떨기도 하는 작은 공간이다. 작은 테이블에 1인용 의자 2개가 전부일 정도로 단촐하지만 좋아하는 사람들과 즐거운 시간을 가질 수 있기에 더없이 즐거운 장소다.

3
소품과 책이 가득한 코너
눈에 띌 때마다 하나둘 모았던 빈티지 소품들이 어느새 작업실 한쪽 수납장을 모두 채울 정도가 되었다. 마치 박물관에 온 듯한 느낌.

4
여러 명이 함께, 공동 작업대
메인 작업대 옆으로 크기가 다른 작업대가 옹기종기 모여 있다. 널찍하게 사용하기에도 좋고 종종 친구들이 찾아와 작업을 함께하기도 한다.

5
창밖이 보이는 개인 작업대
작업실을 가지면 한가운데에 책상을 놓으리라 생각했고, 창밖이 보이는 전망이 가능한 위치였으면 했다. 시선이 트이는 곳에서 일을 하고 싶은 바람.

Owner's Pick-up!

SPECIAL SPACE

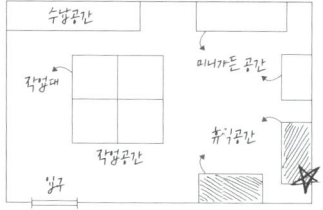

혼자만의 휴식 시간을 위한 커피 플레이스
작업을 하다가도 하루에 1시간은 꼭 휴식 시간을 갖는다는 그녀는 창가 쪽 테이블이 있는 커피 플레이스를 가장 좋아한다. 커피를 마시며 책을 읽거나 음악을 듣거나 가끔 멍하니 생각에 잠기기도 하는 곳. 햇살이 잘 드는 창가에는 편안한 의자와 미니 테이블, 그리고 다양한 차와 식기들을 놓아 카페처럼 꾸몄다.

HER *Self-interior* IS...

있는 그대로 자연스러움을 추구한 인테리어

오래된 건물이니 대단한 공사를 했을 듯싶지만 예상과는 달리 이사 오기 전에 있던 그대로 사용하고 있다. 공사라고 할 것도 없이 고작 조명을 새로 달았을 뿐이다. 있는 그대로를 자연스럽게 노출하고 그에 어울리는 빈티지 가구나 소품으로 스타일링을 했는데 오히려 마치 이전에도 지금의 모습이었던 듯 잘 어울리고 편안하다. 손때 묻고 편안한 것들을 좋아하는 탓에 인테리어도 자신의 취향을 고스란히 담았다.

 TOTAL COST

공사비	없음
조명 구입비	약 15만원

Styling tip

마네킹 오브제

최근 친구들과 함께 론칭한 패션 브랜드 'ARS SEOUL' 작업을 위해 많이 사용하고 있는 마네킹. 무심히 작업실 한쪽에 서 있는 모습마저도 자연스럽다.

금속공예 작업대

금속공예 작업대로 사용되던 것을 그녀는 카페 공간의 수납장으로 활용한다. 전혀 다른 기능을 하는 가구로 바뀌었지만 의외로 멋스럽고 잘 어울린다.

나무 타공판

보기에도 멋스러운 나무 타공판은 사실 아는 작가가 작업실을 이사하면서 버리겠다고 하는 걸 얻어 온 것이다. 자작나무 합판으로 만들어져 멋스럽고 다양한 물건을 한 번에 수납하기 좋다.

그림과 사진, 팜플렛

작업실 문과 벽 곳곳에 그림과 사진들이 많은데 작업실을 분위기 있고 부드러운 공간으로 만들어 주는 요소다. 마음에 드는 그림이나 사진, 팜플렛 등이 있으면 무심한 듯 붙여 둔다.

CLOSE-UP

SELF SHELF PAINTING ₩10,000 이하

STEP 01

부드러운 천으로 선반장 닦기

사용하던 선반장인 만큼 먼지나 오염물을 부드러운 천으로 깨끗하게 닦는다.

STEP 02

낡은 부분 다듬기

나뭇결이 일어났거나 하는 등 낡은 부분이 있으면 전체적으로 다듬는다.

STEP 03

페인트칠하기

가는 브러시로 페인트를 바른다. 전체적으로 컬러를 통일하기보다 여러 컬러를 믹스한다.

STEP 04

그늘진 곳에서 건조하기

말릴 때는 햇빛이 드는 곳보다는 그늘진 곳에서 서서히 건조시키는 게 변형을 막는 데 도움이 된다.

디자인 작업실과 카페가 공존하는
프로젝트 워크룸
9평

> **MINI INFO**
> **작업실 명** 성지길 커피 앤 프로젝트
> **오너** 편집장 겸 디자이너 고준권
> **컨셉트** 디자인 작업실 + 독립출판 사무실 + 카페
> **규모** 9평
> **보증금** 1000만원 **임대료** 월 110만원
> **위치** 서울시 마포구 성지 5길 17
> **문의** www.woodnbook.com 02-6404-2626

HIS Workroom IS...

"카페이면서 디자인 작업실이고, 독립 출판사 사무실이기도 하지요. 그리고 핸드메이드 가구를 만날 수 있는 곳이기도 해요. 한마디로 작업실과 사무실, 그리고 카페가 함께 있는 멀티플레이 공간인 셈이죠. 조용한 주택가에 있어 도심의 번잡스러움을 잠시 잊고 싶을 때 찾아오는 손님들이 많아요. 커피를 좋아하고 책을 좋아하는 사람들이 마음 편하게 머물다 가기 좋은 곳이 바로 성지길 커피 앤 프로젝트입니다."

DAILY SCHEDULE

11:00	작업실 겸 카페 오픈, 카페 정리 및 커피 준비
12:00	개인 작업, 카페 영업 등
14:00 ~ 19:00	개인 업무, 카페 영업
20:00 ~ 22:00	카페 영업 종료

HIS Opening Story IS...

▶ **디자인하는 남자, 가구 만드는 여자**
성지길을 처음 찾았을 때만 해도, 디자인 작업을 하던 고준권 씨의 작업실 겸 가구를 만드는 아내의 쇼룸이자 카페로 열 생각이었다. 유독 커피를 즐겨 마시고 직접 핸드메이드 커피를 만드는 것도 좋아하기에 카페를 함께하면 좋겠다는 생각이었다. 개인 작업을 하면서도 미팅을 하려면 카페에 갈 일도 많고 근처에 작은 사무실도 많아서 동네 아지트 같은 작은 카페가 될 수 있을 것 같았다. 아내가 직접 만든 가구로 카페를 꾸미려는 계획도 세웠었다. 하지만 계약을 하자마자 아내의 임신 소식을 알게 되었고, 카페 오픈은 점점 뒤로 미뤄졌다. 마냥 공간을 비워 둘 수 없어 그가 먼저 디자인 작업실 겸 출판사 사무실로 사용하기 시작했다.

▶ **직접 발로 뛰어 부딪히다**
점점 카페 오픈을 미루다 보니 주변에서 언제 오픈하냐는 문의가 빗발쳤다. 더 이상 오픈을 미룰 수가 없어 조금씩 카페 준비를 시작했다. 인테리어 업체에 모두 맡기면 훨씬 쉽고 빨랐겠지만 그는 조금 늦어도 자신이 꿈꿨던 카페로 만들고 싶었고, 터무니없이 비싸기만 한 공사 비용도 부담스러웠다. 그래서 목공공사, 페인트와 바닥공사, 수도공사 등 각 부분별로 자신이 직접 고른 공사 업체에 의뢰를 하고, 스타일링은 그와 그의 아내가 전적으로 맡았다. 그렇게 다소 느리게 진행된 공사는 2달에 걸쳐 어렵게 완성되었고, 성지길에 구수한 커피향을 피울 수 있게 되었다.

▶ **취향대로 만드는 가정식 모카포트 커피**
그의 카페에는 직원이 따로 없다. 손님이 오면 다른 작업을 하다가도 그가 나선다. 전문 커피 머신도 없다. 그가 원하는 콘셉트가 바로 가정식 커피이기에 평소에 즐겨 마시던 방식대로

OPEN SCHEDULE

- **2013-03** 작업실 계약
- **2013-07** 공사 시작(총 2개월)
  - 6주 전 수도공사, 벽과 천장 페인팅, 목공공사, 바닥공사 시작
  - 4주 전 바닥공사 2차 작업
  - 2주 전 가구 구입, 조명공사 등등
- **2013-10** 작업실 겸 사무실 가오픈
- **2014-04** 오픈

갓 뽑은 에스프레소와 수제 초코파이. 커피는 시기에 따라 2~4종의 다른 원산지 원두를 쓴다.

진한 에스프레소를 넣은 아이스 아메리카노. 손잡이가 있는 유리병에 담아 준다.

케냐와 이디오피아 예가체프 원두 등 다양한 원두는 밀봉이 잘 되는 투명 유리병에 담는다.

'우드앤북'에서 펴낸 글씨 예술가 박병철의 감성 캘리그라피 단상집. 보는 재미가 함께 있다.

성지길 커피 앤 프로젝트에서는 커피 머신 대신 모카포트를 사용한다. 비알레띠 뉴 브리카 모카포트.

그의 아내가 제작한 핸드메이드 가구 미니어처. 같은 모양의 원목 가구들을 직접 만들어 전시했다.

모카포트에 원두를 담고 가장 맛있는 에스프레소를 추출해 낸다. 자신이 맛있다고 생각하는 원두 몇 가지만 두고 판매를 한다. 커피를 많이 팔겠다는 것보다 동네 사람들이나 커피를 좋아하는 이들과 함께하고, 그들과 이야기하고, 그들이 카페에서 느긋하게 시간을 보내고 즐겼으면 하는 생각에서 평범한 카페와는 조금 다른 모습을 만든 것이다.

▶ **활기 가득한 카페, 작업실, 프로젝트 공간으로**
성지길 커피 앤 프로젝트에서는 참 많은 일이 이루어진다. 작은 코너의 작업 공간에서는 다양한 디자인 작품들이 만들어지고, '우드앤북'이라는 독립 출판사를 통해 책도 만들어진다. 게다가 카페까지 하니 몸이 열 개라도 모자랄 지경이지만 그는 새로운 프로젝트를 꿈꾸고 있다. 바로 배움의 장으로 활용하고자 하는 것. 카페가 한산해지는 저녁 시간에 맞춰 캘리그라피나 일러스트 수업이나 글쓰기 강좌 등도 열어 보려 한다.

HIS Space IS...

공간의 다양성 추구

한 공간에 작업실, 카페, 그리고 도서 전시 공간까지 한공간에 있다 보니 공간별로 구분이 가장 중요했다. 우선 작업실 책상 앞에는 합판을 이용한 나무 가벽을 만들어 도서 전시 공간과 분리했다. 사람들이 많이 드나들지만 이 가벽 덕분에 디자인 작업에 집중할 수 있는 환경이 만들어졌다. 전체적으로는 입구 왼쪽은 작업실, 입구 오른쪽은 카페로 구분 지었다.

1
아늑하게 분리된 디자인 작업 공간

디자인 작업을 하는 작업 책상은 가벽과 책장 등으로 둘러싸여 아늑하다. 카페의 공개된 공간 안에 있지만 가벽이 있어 공간이 분리되고 작업하기에도 불편함이 없다. 책상은 입구쪽으로 바라보게 해 손님이 오는 걸 볼 수 있도록 했다.

2
카페 테이블은 ㄱ자형 구조로

카페 테이블이 많지는 않지만 좁은 공간이다 보니 서로 방해받지 않도록 벽이나 창가 쪽으로 붙였다. 그리고 테이블과 의자 사이즈도 아담한 것으로 선택. 테이블은 2인용으로 분리할 수 있도록 실용적인 디자인을 골랐다.

 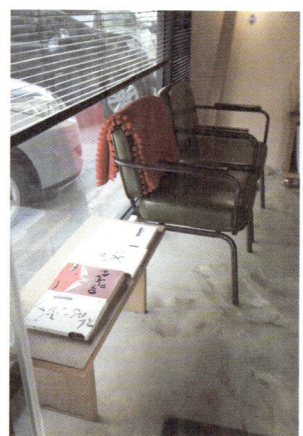 

3 긴 테이블로 미니 바처럼
카페 작업대 앞은 테이블과 의자를 놓기에는 다소 공간이 부족한 편. 아내가 직접 만든 폭이 좁고 가로로 넓은 테이블을 놓아 바처럼 활용한다.

4 창가 앞 미니 도서 진열대
입구 바로 왼쪽 옆 창가에는 작은 진열대를 놓고 '우드앤북'에서 출간한 책들을 진열해 두었다. 작업실 가벽 앞에도 진열대를 놓고 책을 진열한다.

5 미니 싱크볼 하나로 콤팩트하게
카페 공간 안쪽에는 따로 싱크대를 설치하지 않고 인터넷으로 구입한 싱크볼만 두고 수도를 사용한다. 자리를 적게 차지해 효율적이다.

 Owner's pick-up!

SPECIAL SPACE

 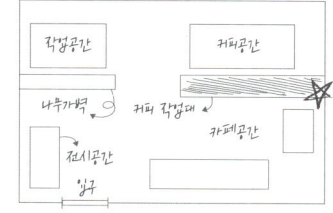

아내가 만들어 준 작은 휴식처
커피 작업대 앞에 있는 테이블은 바처럼 사용하기도 하지만 그가 가끔 앉아 쉬는 장소이기도 하다. 아내가 만든 테이블이라 그런지 더 정감이 가고 편안해 작업 책상을 벗어나고 싶을 때면 앉아서 커피도 마시고 책도 본다.

HIS Self-interior IS...

릴랙스하기 좋은 편안하고 아늑한 스타일

그가 반 셀프 시공을 하면서 가장 주력한 것은 너무 밝지 않고 편안한 느낌이 드는 분위기였다. 사람들이 너무 밝은 곳에서 바짝 긴장하면서 살아가는 만큼 편하게 마음을 릴렉스하는 공간이 있어야 한다는 생각에서다. 그래서 너무 모던하게 떨어지는 스타일보다는 익숙하고 편안한 빈티지 스타일을 보여 주려 노력했다. 시계도 따로 달지 않은 이유도 이 곳에서 만큼은 시간에 구애 받지 않고 그 순간을 편안하게 즐겼으면 하는 생각에서다.

TOTAL COST

공사비	총 금액 약 845만원(반 셀프 시공)
▶ 외장 공사비	차양 약 100만원
▶ 내장 공사비	벽, 천장 페인팅, 목공시공, 바닥 시공 총 약 400만원, 블라인드 약 50만원, 전기공사 약 70만원, 수도공사 약 150만원, 기타 약 75만원
가구 구입비	약 200만원

Styling tip

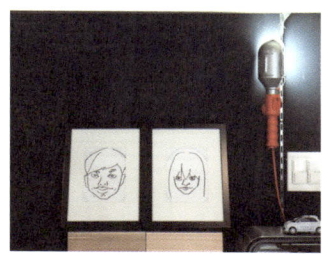

작업실 로고
성지길 커피 앤 프로젝트 메인 로고를 직접 그려 넣은 입간판. 그가 좋아하는 초승달 이미지를 넣은 심볼도 함께 들어갔다.

부분 조명
전체적으로 블랙 톤이라 조명에 특별히 신경을 썼다. 메인 조명 외에도 곳곳에 스탠드 조명을 설치했다. 찬넬 선반 아래 작은 테이블은 상판을 따로 사고 철제 다리만 을지로에서 구입해 직접 만들었다.

타이포그래피
캘리그래퍼 박병철 작가의 제자들과 함께 한 전시회 출품했던 타이포그래피 작품. 바로 옆 긴 나무 조명은 아내가 만든 것으로 그의 작품과 함께 벽면을 더욱 아티스틱하게 연출해 주는 요소다.

나무 가벽
작업 책상 앞의 가벽은 뒷문으로 통하는 길을 가리기 위함이기도 하다. 작업 책상 사이즈에 맞춰 인터넷으로 주문해서 설치했다. 가벽 앞에 있는 나무 의자도 아내가 만든 것으로 전시를 했던 작품이다.

CLOSE-UP

DIY WORKTABLE
₩100,000 이하

STEP 01
상판 주문하기
원하는 사이즈를 측정하고 하드우드 집성판을 주문한다.

STEP 02
사포로 매끄럽게
합판의 표면을 매끄럽게 하기 위해서 손대패와 사포로 여러 번 반복해서 문지른다.

STEP 03
스테인 바르기
자연스러운 나무 느낌을 주는 스테인을 상판에 골고루 바른다.

STEP 04
천연 오일로 마무리
물기가 닿아도 망가지지 않게 하기 위해 천연 오일을 덧바르고 충분히 말린다.

그림 권하는
아트 프린트 스튜디오

9평

MINI INFO

작업실 명	VICO(Visual Collection)
오너	그래픽 디자이너 윤소담, 디자이너 이진아
컨셉트	아트 프린트 스튜디오 + 쇼룸
규모	9평
보증금	1000만원　**임대료** 월 100만원 (쉐어공간이라 월세는 반만 부담)
위치	서울시 서대문구 연희동 128-25
문의	www.vicodeco.co.kr 070-7781-1309

THEIR Workroom IS...

"그림을 사랑하는 두 여자의 작은 아트 스튜디오이자 쇼룸이에요.
쉽게 다가가지 못하는 예술작품이 아닌 집에서 편하게 보고 즐길
수 있는 그림을 그리고 판매해요. 집 안 어디에 두어도 잘 어울리고
인테리어를 살려 주는 그림들이죠. 그림은 모두 직접 그래픽으로
그린 두 여자의 순수 창작물이랍니다.
작업실에서는 컴퓨터로 그림 작업을 하고 가끔 직접
찾아오는 손님들과 그림 이야기를 나누기도 해요."

DAILY SCHEDULE

11:00	입점 업체 점검, 주문 체크, 포장 업무
12:00	작업실, 쇼룸 오픈
13:00 ~ 18:00	그래픽 작업, 주문 건 제작 상담하러 업체 방문
19:00	작업실, 쇼룸 마감

THEIR Opening Story IS...

▷ **대학 동기에서 동업자로**

비코의 주인인 윤소담 씨와 이진아 씨는 조소를 전공한 대학 동기다. 대학 졸업 후 윤소담 씨와 이진아 씨 모두 프리랜서 그래픽 디자이너로 일했다. 3~4년 같은 일을 반복하다 보니 서서히 몸도 힘들어지고 지치기 시작했다. 평소 인테리어에 관심이 많았던 터라 두 사람은 만날 때마다 집 꾸미기에 좋은 그림에 관한 얘기를 나누었고, 그림을 직접 그리고 판매까지 해보면 어떨까 하는 구체적인 창업 계획을 세워가기 시작했다. 처음엔 '단순히 힘든 직장생활 대신 좋아하는 일을 하면 좋겠다' 는 막연한 동경에서 출발했지만 구체적으로 아이디어를 내니 창업도 어려운 일은 아니라는 생각이 들었다. 그렇게 오랜 친구 사이인 두 사람은 동업자가 되었고, 비코라는 아트 프린트 스튜디오를 열게 되었다.

예술작품이 아닌 그림 하나

흔히 집에 그림을 걸어두는 것을 어려워 하기도 한다. 하지만 작은 꾸밈으로 삶의 재미를 더해 주고 생활을 아름답게 하는 것이 좋지 않을까. 이런 생각에 그녀들은 접하기 쉬우면서도 집안 공간을 살려 주는 그림을 그려서 판매하기로 했다. 아티스트의 그림이나 외국 작가의 일러스트를 모아서 판매하는 형식이 아니라 직접 자신들이 그림을 그리기로 한 것. 어디에도 없는 순수 창작품인 만큼 희소성과 독창성이 있기 때문이다. 그녀들은 사람들이 합리적인 가격대의 아트 상품을 구입해 보면서 예술에 대한 관심을 키울 수 있도록 중간 매개체 역할을 하고자 한다. 주로 활용하는 모티브는 심플한 그래픽이나 단순화한 꽃, 식물의 모습, 도형, 문자 등이다.

▷ **쉐어 작업실에 사무실을 내다**

사무실이자 작업실을 구하려고 보니 사실 금전적으로 만만치 않았다. 둘 다 홍대 근처에서 오래 생활해 온 탓에 익숙한 곳에서 시작하고

OPEN SCHEDULE

2013/08 건물 찾기, 작업실 계약

2013/08 공사 시작(총 1개월)
- 4주 전 바닥, 벽 페인팅
- 3주 전 조명 설치, 선반 설치
- 2주 전 테이블 제작, 수납장 제작 의뢰
- 1주 전 쇼룸 인테리어, 집기류 구입 등

2014/09 오픈

  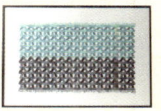 

타이포그래피 작품으로 '나를 비춰주오'라는 긍정적인 의미를 담아 표현했다.

다양한 핑크 톤을 넣어 사랑스럽게 완성한 하트 그림. 심플하지만 임팩트가 있어 인기.

뜨개로 뜬 니트 러그를 형상화 시킨 그림. 서재나 거실에 걸어 두기 좋은 스타일이다.

블루와 옐로 컬러의 경쾌함을 살려 주는 그림. 아이 방이나 주방에 어울린다.

달 모양을 재미있게 표현한 '문 플라워'. 자세히 보면 꽃안에 초승달이 함께 있다.

다양한 도형을 단순화 시켜서 표현한 그림. 서로 다른 도형의 컬러감이 이채롭다.

재미있는 아이디어를 더한 알파벳 엽서. 비코의 베스트셀러 중 하나이기도 하다.

쇼룸 창가에 장식해 둔 부엉이 나무 인형. 친구가 일본에서 선물로 사온 아이템이다.

싶었지만 현실은 생각처럼 쉽지 않았다. 그러다 프로젝트 작업으로 알게 된 친구들도 마침 작업실을 찾고 있다는 소식에 작업실을 쉐어해서 쓰는 건 어떻겠냐는 제안을 하게 되었다. 공간을 나누어 쓸 수도 있고, 금전적으로도 부담이 덜 해서 서로에게 아주 좋은 제안이었다. 이렇게 해서 지금의 한적한 연희동 주택가 1층에 비코의 첫 작업실을 얻었고, 사무실의 반을 그녀들이 사용하고 있다.

▶ **그녀들의 멀티 플레이스**

그녀들의 공간은 9평 남짓. 대부분의 작업은 컴퓨터로 하기 때문에 큰 공간이 필요 없었다. 대신 그림을 전시하고 사람들에게 선보일 수 있는 쇼룸은 꼭 필요했다. 그래서 입구 쪽 공간은 쇼룸으로, 안쪽 작은 공간에는 큰 테이블 하나만 두고 사무실 겸 작업 공간으로 활용한다. 처음 쇼룸은 입구 쪽 양쪽 벽을 모두 활용했었는데 지금은 함께 공간을 나눠 쓰는 친구들에게 한쪽 벽을 내준 상태다.

THEIR Space IS...

쇼룸은 벽면에, 작업실 공간은 큰 테이블 하나로
쇼룸은 전시 테이블을 놓기에 좁은 공간이라 벽면에 선반을 빼곡하게 설치해 그림을 전시했다. 작업실 공간도 책상을 여러 개 놓기보다 큰 테이블 하나만 두어서 효율성을 높였다. 작은 책상을 두면 복잡하고 더 협소해지지만 큰 테이블을 두면 공간이 더 넓어 보이고 작업 시 쉽게 서로 공유할 수 있어 편리하다. 사무용 집기류도 테이블 중앙에 두고 함께 사용하고 있다.

1
큰 작품은 쇼룸에, 작은 작품은 창가에 전시
쇼룸 벽면에는 작은 창이 있는데 창가에도 그림들을 전시해 두었다. 사이즈가 작은 액자들과 엽서 위주로 올려 두는데 창가 밖 풍경이나 날씨에 따라 그림을 바꿔 변화를 주기도 한다.

2
쇼룸 반대편 벽면에는 포장 작업대
쇼룸에서도 간혹 판매가 이루어지기 때문에 포장 작업대와 계산대가 필요했다. 그래서 쇼룸 반대편 벽면에 수납 겸 포장 작업대를 만들었다.

 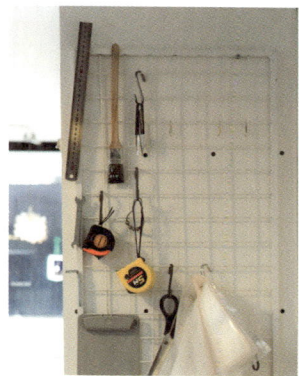 

3
벽면을 알뜰하게 활용
입구 쪽 벽면과 코너의 벽면을 모두 활용해서 선반을 달고 쇼룸으로 만들었다. 대신 안쪽 벽면은 벽을 모두 채우지 않고 작은 액자만 올려 두어 답답해 보이지 않는다.

4
작은 네트 망으로 도구 정리
지저분해 보이는 도구는 수납장 옆 벽면에 네트 망을 설치하고 그 곳에 모두 걸어 두었다. 옆 벽면이라 잘 보이지 않고, 잃어버리기 쉬운 도구들을 수납할 수 있어 아주 편리하다.

5
수납장 벽면도 전시 공간으로 활용
수납장 겸 택배 발송대 옆 벽면에 빈 공간에는 작은 선반을 달고 비코에서 직접 디자인한 엽서를 진열했다. 알파벳 엽서를 하나하나 올려 두었더니 훌륭한 디스플레이 효과도 얻었다.

Owner's Pick-up!

SPECIAL SPACE

 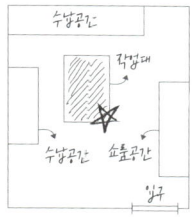

통창 앞 넓은 테이블 작업대
작업실 안쪽 넓은 테이블이 있는 작업대 앞에는 통창이 나 있다. 햇살 좋은 날에는 작업실로 들어오는 햇살도 맞고, 비 오는 날에는 톡톡 떨어지는 빗방울도 볼 수 있어 분위기가 그만이다. 감성적인 작업을 하는 만큼 통창 앞 작업대는 일하기에 더할 나위 없이 좋은 공간이 되었다.

THEIR Self-interior IS...

심플, 모노톤의 모던 스페이스

그림을 돋보이게 하기 위해서 인테리어는 심플하고 모던한 스타일로 정했다. 메인 컬러는 모노톤. 화이트와 그레이 컬러를 적절하게 섞어서 깔끔하면서도 세련된 느낌을 강조했다. 쇼룸의 선반들은 블랙 컬러로 통일하고 사무실 테이블은 원목 자작나무로 내추럴한 스타일을 골랐다. 수납장이나 포장 테이블도 화이트 컬러로 골라 좁은 공간을 넓어 보이도록 했다. 그림 작품들이 돋보이게 하기 위해 화려한 인테리어 소품은 최대한 배제했다.

TOTAL COST

공사비	총 100만원
▶ 내장 공사비	벽, 바닥 페인트 약 10만원, 테이블 자작나무 상판 약 20만원, 조명 약 25만원, 기타 약 45만원
가구 구입비	약 30만원

Styling tip

핸드메이드 작업 테이블
족히 4명이 함께 쓸 수 있는 널찍한 작업 테이블은 자작나무 상판만 목재소에서 구입한 후 투명 코팅제를 발랐다. 테이블 다리는 MDF로 수납장을 만들어 그 위에 올려서 사용 중.

DIY 작업대
포장 작업대는 치수를 재서 목재를 주문한 후 수작업으로 만들고 화이트 컬러 페인트를 칠했다. 수납장 속 그림 보관함은 A3 목재 보관함을 주문해서 활용했다.

그림 크기에 맞춘 선반
쇼룸에 있는 선반은 그림 사이즈에 맞춰 선반 간격을 정한 후 직접 달았다. 벽면을 전부 활용해서 전시할 수 있도록 간격을 조절한 것이 특징.

벤치형 신발 정리대
신발 정리대에 화이트 컬러 페인트를 칠해서 인쇄용 종이 샘플과 그림 샘플을 올려 두는 수납장으로 변신시켰다. 수납 아이템으로 활용도가 높다.

SELF PAINTING ₩100,000

STEP 01

벽 청소 후 그레이 페인트 바르기
벽은 먼저 걸레로 깨끗하게 먼지를 닦은 다음 조색한 그레이 페인트를 롤러로 고르게 바른다.

STEP 02

타일 바닥 페인트 바르기
타일 바닥도 물기와 먼지가 없도록 청소한 후 다크 그레이 페인트를 여러 번 바른다.

STEP 03

충분히 말리기
바짝 마를 때까지 기다렸다 다시 바르기를 반복한 후 완전히 말린다.

STEP 04

소품 페인트칠하기
벤치형 신발 정리대에도 화이트 페인트를 칠해 옷을 입혀 주었다. 여러 번 덧바른다.

소통형 뷰티 살롱
1인 미용실

9평

> **MINI INFO**
> **작업실 명** 장싸롱
> **오너** 헤어디자이너 장은영
> **컨셉트** 1인 미용실(100% 예약제로 운영)
> **규모** 9평
> **위치** 서울시 마포구 상수동 337-6
> **문의** 02-6085-4264

HER Workroom IS...

"북적거림 없이 여유 있게 머리를 할 수 있는 1인 미용실이에요.
보고 싶은 책도 보고 재미있는 만화도 보면서 잠시
어렸을 때로 돌아갈 수도 있지요. 손님과 둘이서 스스럼없이
얘기도 하고 소통할 수 있는 더없이 편안한 공간이에요.
대형 프렌차이즈 미용실의 화려함이나 고급스러움 대신 정감 있고
소통 가능한 미용실이랍니다. 직접 고르고 꾸며서 만든
소중한 일터이기도 해요."

DAILY SCHEDULE

12:00	미용실 오픈
1:00 ~ 21:00	헤어 스타일링 작업 (예약 손님 스케줄에 따라 변동)
21:00	마감

HER Opening Story IS...

▷ 혼자라 더 좋다

어렸을 때부터 손재주가 좋았던 장은영 씨는 일찍부터 헤어 디자이너의 꿈을 꾸었다. 예쁘게 다듬어진 고객의 헤어스타일을 보는 것만으로도 기분이 좋아졌고, 자신만의 스타일로 사람들에게 기쁨을 주는 것도 즐거웠다. 오랫동안 대형 미용실에서 근무하면서 조금씩 혼자만의 공간에서 일을 하고 싶다는 생각을 했다. 북적거리며 좋아하지도 않는 유행가요를 들으며 일하는 것보다 좋아하는 음악을 들으며 여유롭게 한 손님에게 집중하고 싶었다. 그렇다면 좀 더 즐겁게 일할 수 있지 않을까? 어떻게 하면 이런 미용실을 가질 수 있을까를 고민하다 다른 스태프 없이 혼자서 모든 것을 해결하는 1인 미용실을 열어 보자는 아이디어를 냈다.

▷ 상수동 오래된 골목

1인 미용실을 열기로 결심하고 장소를 찾아 홍대 주변을 거의 매일 돌아보았다. 특별히 홍대 주변을 고집한 건 어렸을 때부터 자주 찾던 곳이라 익숙하고 편한 마음에서다. 하지만 홍대의 메인 상권 주변은 부르는 게 값일 정도로 임대료가 비싼 데다가 근사하게 인테리어가 잘 된 상점들만 즐비한 분위기도 마음에 들지 않았다. 지금의 상수동 작업실은 홍대 메인 상권에서 벗어난 곳으로 작업실을 찾다가 발견한 곳. 조용한 주택가 골목에 카페만 두서너 곳 있었기에 조용하고 한가로웠고 오래된 동네에서 느껴지는 편안함이 마음에 들었다. 친구들은 한적한 곳에 손님이 찾아올 수 있겠느냐며 염려했지만 오히려 그런 분위기가 왠지 끌렸다.

▷ 신문 보급소의 변신

그녀의 미용실로 낙점된 곳은 신문 보급소였던 오래된 상가 1층. 오래되고 낡은 분위기가 좋아서 덜컥 계약을 했지만 문제는 내부였다. 오랫동안 신문 보급소였던 탓에 내부는 전혀

OPEN SCHEDULE

2011/07 미용실 계약

2011/07 공사 시작(총 2주)
- 2주 전: 철거 작업, 새시 디자인 주문 시공, 바닥 콘크리트 시공, 벽, 천장 페인트 바르기
- 1주 전: 합판 구입 후 페인트 발라 선반 설치, 거울 주문, 칠판 페인트로 메모판 만들기, 입구 커튼 달기, 집기류 들이기

2011/07 오픈

장싸롱 1주년 기념으로 만든 추억의 성냥. 옛스러움을 간직한 소품은 그녀가 좋아하는 스타일.

단골손님에게 선물하기 위해 직접 만든 디퓨저와 캔들. 손으로 만드는 것을 좋아해 취미로 가끔 만든다.

염색약 용량을 재기 위해 구입한 저울. 저울 하나도 빈티지한 감각이 있는 디자인을 선호한다.

판매용으로 만든 장싸롱 에코백. 심플한 린넨 가방에 장싸롱 로고만 간단하게 넣었다.

산뜻한 민트와 옐로 컬러로 포인트를 준 스티커. 손님들에게 나눠 주기도 한다.

피규어나 재밌는 인형은 손님들이 해외에서 사와서 직접 선물한 것들.

관리가 되지 않았고, 어두운 데다 분위기가 어두컴컴했다. 오래 묵은 먼지와 낡은 벽지를 떼어 내고 그녀가 좋아하는 빈티하면서도 멋스러운 공간으로 바꾸기 위해 2주 동안 정신없이 매달렸다. 처음 해보는 페인팅에 핸디코트, 가구 리폼, 새시 주문까지 하나도 쉬운 게 없었지만 서서히 계획했던 모습으로 바뀌어 가는 모습을 보면서 뿌듯함과 성취감에 힘든 것도 잊어버릴 수 있었다.

▶ **일터이자 그녀만의 아지트**
하루 종일 손님의 머리를 다듬고 만지는 것은 예전과 변함이 없다. 하지만 달라진 점은 혼자만의 시간도 늘었다는 점이다. 예약이 없는 빈 시간이 되면 그녀는 푹신한 소파에 앉아 바로 위 선반에서 고른 책 한 권을 펼친다. 그리고 좋아하는 음악을 조금 더 크게 틀고 혼자만의 시간을 즐긴다. 그리고 가끔 좋아하는 피규어를 조립하고 미용실을 찾는 이들과 차 한잔하며 일상의 이야기를 나눈다. 이렇듯 이곳은 그녀의 일터이자 취미 생활을 함께 하고 사람들과 만나는 멀티 플레이 공간이 되었다.

HER Space IS...

최소한의 가구 배치로 넓어 보이게

1인 미용실이라 고객용 의자가 많이 필요하지 않기 때문에 가구는 최소화하기로 결정. 고객용 메인 의자는 하나, 3인용 소파, 그리고 인터넷 검색을 할 때 사용할 폭이 좁은 테이블과 의자만 두기로 했다. 가구를 최소화하니 공간적으로 여유가 생겨 더 넓어 보이는 효과를 주었다. 책장도 선반으로 대체해 비용도 줄이고 벽의 빈 공간을 활용할 수 있게 했다.

1
고객용 의자와 거울은 심플하게

고객용 의자와 거울은 최소화하고 디자인도 심플한 것으로 골랐다. 의자도 하나는 미용용으로, 하나는 심플한 원목 의자를 놓아 공간을 많이 차지하지 않도록 했다. 거울 위 칠판은 합판에 칠판 페인트를 칠해 직접 제작한 것.

2
1인을 위한 휴식공간

고객이 편히 쉴 수 있는 3인용 소파 위에는 4단 수납 선반을 설치해 자주 보는 책과 좋아하는 소품을 올려 두었다. 빈 공간을 활용하니 답답해 보이지 않고 무엇보다 많은 양의 책과 소품을 수납할 수 있어서 좋다.

3
화이트 톤의 테이블로 화사하게
창가에는 화이트 톤의 좁은 테이블을 두어 밝은 톤으로 매치해 산뜻한 느낌을 준다. 가로로 긴 타입이라 공간을 많이 차지하지 않는다.

4
화분 파티션으로 답답하지 않게
샴푸실은 따로 파티션을 하지 않고 화분으로 대체했다. 답답한 파티션 대신 키 큰 화분과 작은 화분들을 적절히 배치한 센스가 돋보인다.

5
수납용으로 활용되는 의자
헤어 작업대 중앙에는 빈티지한 의자가 하나 놓여 있다. 따로 수납함을 놓기보다 자주 쓰는 제품을 의자에 올려 두고 편하게 사용 중이다.

Owner's Pick-up!

SPECIAL SPACE

 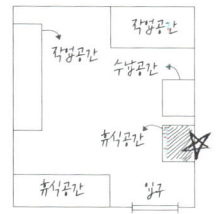

조용히 책을 읽을 수 있는 미니 서재
3인용 소파와 벽 선반이 있는 공간은 그녀의 미니 서재이기도 하다. 손님이 없는 시간대에 편안하게 책을 읽을 수 있도록 꾸몄다. 책을 좋아해서 다양한 장르의 책을 늘 비치해 두기 때문에 짬이 나면 소파에 앉아 독서를 즐긴다.

HER Self-interior IS...

추억을 자극하는 빈티지 카페 스타일

민트 컬러의 철문을 열고 들어서면 어렸을 적 가지고 놀던 건담이나 재미있게 본 만화책, 갖가지 캐릭터 인형들이 가득한 실내로 이어진다. 소박하지만 아기자기한 재미가 있는 소품들로 가득한 미용실은 마치 빈티지 카페 같다. 원래 신문 보급소였던 공간을 옛날 골목에서 흔히 만나던 미용실 느낌을 내기 위해 벽도 그레이 컬러 페인트로 직접 칠하고, 바닥은 전문가의 도움을 빌려 빈티지스럽게 시공했다. 벽 한쪽에는 넓은 선반을 달았다.

TOTAL COST

공사비   총 약 1000만원
- **외장 공사비**   섀시 시공 약 100만원
- **내장 공사비**   바닥, 전기, 수도, 간판 약 700만원,
페인트 약 30만원,
전기공사와 조명 약 50만원, 기타 120만원

온수기, 에어컨, 미용기구, 기계 구입비   약 500만원

Styling tip

CHAIR REFORM
₩10,000 이하

STEP 01
사포로 문지르기
거칠고 망가진 부분은 사포로 문질러 표면을 매끄럽게 만든다.

STEP 02
그레이 컬러 페인트칠하기
전체적으로 그레이 컬러 페인트를 고르게 바른다.

STEP 03
말린 후 사포로 문지르기
빈티지한 느낌을 주기 위해 완전히 마르고 나면 사포로 문지른다.

STEP 04
바니시 바르기
투명 바니시를 바르고 말려서 완성한다.

영화 포스터
섀시 창문에는 평소 좋아하는 영화 포스터를 붙여 두었다. 평범하지 않은 포스터 한 장도 창문에 붙이니 멋스러운 빈티지 소품이 되었다. 창틀 컬러와 어울리는 포스터 컬러를 고르는 것도 센스 있다.

로고 에코백
작업실 입구 창에 장싸롱 로고가 새겨진 에코백을 걸어 두었다. 장싸롱 만의 개성을 보여 주는 색다른 인테리어 스타일링이 돋보인다. 손님들에게 인기가 좋았다.

사다리 활용
거울 사이에 둔 사다리는 공방에서 주워와 직접 그레이 컬러로 페인트칠한 것. 작은 피규어나 인형을 올려 두는 용도로 활용했다. 아기자기한 느낌을 준다.

앤티크 소품
무성영화에나 나올 법한 앤티크 무전기와 통기타도 한쪽 공간에 세팅했다. 평소 빈티지한 소품을 좋아해 인터넷 쇼핑몰에서 하나둘 구입해 모은 것들이다.

만들고, 그리고, 즐기는
컨테이너 목공 작업실
9.5평

MINI INFO

작업실 명	WOOGAMADE(우가메이드)
오너	목공 작가 안성민
컨셉트	목공 작업실
규모	9.5평
위치	경기도 이천시 백사면 도립리 538
문의	blog.naver.com/woogamade

HIS Workroom IS...

"우가메이드는 '우리가 가지고 싶은 모든 것을 만들다'라는 뜻의 작업실이에요. 가구부터 도마, 거울, 액자 등의 목공 작업이 주가 되지만 그림도 그리고, 손으로 만들 수 있는 다양한 것들을 창작하는 곳이죠. 아내가 하는 '부농작업실'과 '우가메이드'를 합쳐 '종합예술 창작소'라고 부르고 있답니다. 이천의 자연을 그대로 느끼며 창조적인 작업을 하는 삶을 살고 있어요."

DAILY SCHEDULE

9:00	작업실 오픈
10:00	작업실 청소, 작업실 주변 정리
11:00	주문 들어온 목공 작업 시작
13:00	오후 작업 시작
15:00	작업 틈틈이 방문 고객 상담
18:00 ~ 마감	저녁 작업

HIS Opening Story is...

▷ 산수유 길 노란 컨테이너 작업실

봄이면 산수유가 흐드러지게 피는 길가 옆에 안성민 씨의 컨테이너 목공 작업실이 있다. 컨테이너 작업실치곤 높은 천장에 큰 통창까지 있는 꽤 큰 규모다. 사실 처음에는 목공 작업실이 아니라 갤러리로 활용할 생각이어서 작품 전시가 쉽도록 벽면과 천장 모두 꼼꼼하게 목공 작업을 했고 특별히 컨테이너의 반이 넘는 통창을 설치했다. 그 통창은 햇살과 바로 앞산의 자연 풍광을 그대로 가져다 주며 그의 창작 아이디어를 부추긴다. 사실 도심에서 작업할 때는 아이디어를 내기 위해 머리를 쥐어 짰다면 지금 이곳에선 창밖으로 보이는 풍경만 보고 있어도 자연스레 아이디어가 떠오를 정도다.

▷ 서양화 작가에서 목공 작가로

사실 그의 전공도 서양화다. '부농작업실'의 강혜진 씨와 마찬가지로 서양화를 전공하고 그림을 그렸다. 대학 다닐 때부터 그는 취미로 나무를 깎아서 무언가를 만들곤 했었는데 우연히 목공 아르바이트를 하다 본격적으로 목공을 배우고 자신의 진로를 바꾸게 되었다. 강혜진 씨와 함께 도심의 작업실에 있을 때도 그는 이천에서 외할아버지가 만들어 준 비닐하우스 목공 작업실에서 작업을 하곤 했다. 그는 잘 다듬어진 나무보다 우연히 만난 버려진 나무들로 작품을 만드는 것을 좋아한다. 우연이라는 인연을 통해 새로운 삶을 탄생시키는 것은 의도하지 않고 자연스럽고 편안하다고 말한다.

▷ 집짓기의 꿈, 컨테이너로부터

그의 꿈은 자신의 집을 자신의 손으로 짓는 것이다. 그 시작이 어쩌면 컨테이너 작업실이 아닐까. 1960년대에 나온 'Shelter'라는 책에서 자신의 집을 스스로 짓는 사람들을 보면서 꿈꿔왔던 집짓기의 꿈을 컨테이너 작업실에 불어넣어 보았다. 그가 만든 두 번째 컨테이너 작

OPEN SCHEDULE

- **2013/04** 컨테이너 작업실 제작 의뢰
- **2013/04** 컨테이너 내부 공사 시작(총 1개월 반)
  - 6주 전 내부 목공작업
  - 4주 전 유리 시공
  - 3주 전 천장공사
  - 2주 전 바닥 도색
  - 1주 전 전기공사
- **2013/05** 오픈

나무를 깎아서 만든 원숭이 인형. 컨테이너 작업실을 찾는 손님들에게 인기 있는 인형이다.

하나하나 용접으로 완성한 테이블 다리와 한옥에서 얻은 나무 상판으로 만든 카페 테이블.

철근을 구부려 만든 다리와 고재나무로 만든 상판이 독특한 1인용 의자. 빈티지한 멋이 묻어난다.

단풍나무 폐목재를 연마하고 붙여서 상판을 만든 의자. 즉흥적으로 생각나는 대로 디자인을 완성했다.

각기 다른 나무를 붙이고 페인트를 칠해서 만든 나무 의자. '부농작업실'에서 카페 의자로 활용한다.

못 없이 짜맞춤해서 완성한 나무 보석함. 이전 도시에 있었던 작업실에서 만든 소품 중 하나다.

업실인 목공 작업실도 그런 이유에서 컨테이너만 구입하고 내부는 마치 목조주택을 짓듯, 천장과 벽, 바닥을 꼼꼼하게 목공 작업을 해서 완성했다. 컨테이너만 들어내면 그곳에 하나의 목조주택이 그대로 있는 그런 구조다.

▶ **생활과 일터가 하나인 삶**

그의 삶은 일과 생활이 따로 구분되지 않는다. 목공 작업이 생활이고, 생활이 목공 작업이다. 목공으로 생활에 필요한 것들을 만들고, 그리고 원하는 이들에게 판매도 하고, 그가 만들고 싶은 가구를 만들고 살아간다. 목공 작업을 하다 나와서 앞산으로 장작을 구하러 가고, 봄이 되면 아내와 함께 마당에 텃밭을 만들고, 산수유 둘레길을 산책한다. 새로 작업할 아이템을 구상하거나 따로 생각할 시간이 필요하면 산에 올라가 자연 속에 한참 있다 오기도 한다. 이런 자연 속에서 생활과 일이 하나가 되는 삶은 그가 꿈꾸고, 앞으로도 이어가고 싶은 인생의 그림이기도 하다. 그 길을 든든한 팀원이자 아내인 '부농작업실'의 그녀와 함께 하고 있다.

HIS Space IS...

수납에 공을 들여 작업하기 편리하게
목공 작업에 필요한 도구와 재료가 너무 많기에 어떻게 수납공간을 짜느냐가 관건이었다. 작업 순서에 맞춰 작업대와 작업 기계들을 배치하는 일도 중요했다. 당장 필요한 목재는 작업실 안 코너와 벽면에 보관하고, 한쪽 벽면을 모두 도구를 보관할 수 있는 수납공간으로 짜 넣었다. 가구를 완성하는 메인 작업대는 뒤쪽 유리문 쪽으로 두어, 완성 후 바로 트럭에 싣기 편하도록 했다.

1
뒷문 앞에는 완성 작업대 두기
가구를 완성하는 마지막 작업을 하는 곳은 뒷문 바로 앞에 두었다. 완성 후에 뒷문으로 바로 옮기기 쉽도록 한 것. 작업대 역시 그가 직접 목재를 이용해 자신의 키에 맞춰서 높이를 조절해 만들었다.

2
스케치 작업을 하는 미니 작업대는 통창 앞에
햇살이 잘 들어오는 통창 앞에는 작은 작업대와 등받이가 없는 의자를 두었다. 어떤 작품을 만들지 구상하거나 잠시 차 한잔 할 때 이용한다. 창밖 너머로 계절이 바뀌는 풍경을 볼 수 있어 더욱 좋아하는 공간이다.

3
뒷문 옆 코너에는 목재 보관
바로 작업을 할 목재들은 작업실 안에, 좀 긴 기간을 두고 작업할 목재는 작업실 외부에 보관한다. 옮기기 쉽도록 뒷문 옆 코너에 모아 두었다.

4
공구는 모두 한쪽으로
수많은 공구가 필요한 작업인 만큼 공구를 어떻게 보관하느냐도 아주 중요하다. 한쪽 벽면을 모두 공구를 보관할 수 있는 용도로 만들었다.

5
창과 창 사이에 목재 보관
넓은 통창과 작은 창 사이의 빈 공간이 있는데 그곳에도 목재들을 보관하기 좋도록 선반을 만들었다. 목재 옆에는 그가 취미로 연주하는 기타를 놓았다.

Owner's Pick-up!

SPECIAL SPACE

 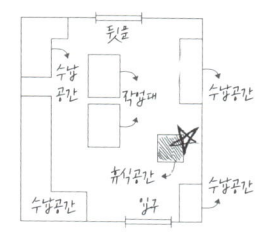

잠깐 휴식하기에 좋은 통창 앞
일하는 중간에 잠시 쉬고 싶을 때는 통창 앞 작은 테이블이 있는 의자에 앉는다. 멍하니 바깥 경치를 감상하기도 하고, 음악을 들으며 머리를 식히기도 한다. 햇살이 잘 들어와 그가 가장 좋아하는 공간이다.

HIS Self-interior IS...

설계부터 인테리어까지 꼼꼼하게

그의 목공 작업실은 엄청난 공이 들어갔다. 11개의 기초석을 콘크리트로 만들어 컨테이너가 수평이 맞게 설치될 수 있도록 했고, 바닥에서 띄웠다. 그리고 내부는 두꺼운 스티로폼을 꼼꼼하게 넣어 단열이 잘 되도록 하고, 벽체는 몇 파트로 틀을 짜고 바닥, 철판벽, 천장 대들보에 각각 고정시켜 만들었다. 여기에 일반 컨테이너에 비해 천장을 40cm 높여서 제작했다. 도로에서 이동할 수 있는 최대 높이 3m를 맞춘 것이다.

TOTAL COST

공사비	총 금액 약 1,500만원
▶ 컨테이너 제작비	약 640만원
▶ 컨테이너 이동비	약 80만원
▶ 크레인비	약 30만원
▶ 내장 공사비	스티로폼 약 110만원, 전기 자재 약 30만원, 목재 약 210만원
▶ 기초 공사비	약 100만원
▶ 기타	약 300만원

Styling tip

목공 벽과 천장
컨테이너 철판은 단열이 전혀 되지 않기 때문에 골조를 튼튼하게 짜 넣고 스티로폼을 거의 밀폐하다시피 넣었다. 그 위에 목재 합판을 덧대었다.

부부 그림
입구 문에는 그의 아내가 그린 그림이 걸려 있다. 부부의 모습을 고스란히 닮은 그림이 볼수록 즐겁다.

집 모형
하늘을 볼 수 있는 긴 창과 이층 구조로 된 아담한 집 모형은 그가 언젠가는 자신의 손으로 짓겠다는 꿈을 담고 있다.

화목난로
추운 겨울 작업실에 온기를 더해줄 화목난로는 황토 벽돌을 쌓아 별도의 공간에 마련했다.

SELF WOODWORK
₩1,500,000

STEP 01

부식을 막기 위해 에나멜 페인트 바르기
부식이 생길 수 있으므로 먼저 부식 방지를 위한 에나멜 페인트를 바른 후 목공 공사 준비를 한다.

STEP 02

벽체 목공 공사
창문 사이즈와 벽 사이즈에 맞춰 벽체의 틀을 짜서 골조를 만든다. 골조는 촘촘하게 간격을 두는 게 좋다.

STEP 03

벽에 고정하기
완성한 벽체를 그대로 벽에 고정시킨다. 그리고 골조 사이사이 단열을 위한 스티로폼을 넣는다.

STEP 04

스테인 도색 & 우레탄 마감
바닥에도 전체적으로 합판을 대고 고정시킨 다음 스테인으로 도색하고 우레탄으로 마감한다.

PLUS INFO

작업실 구하기부터 꾸미기, 알리기까지!

all about workroom

작업실을 내겠다고 맘먹었다면 세부적인 계획은 필수다. 얼마나 꼼꼼하게 준비하는가에 따라 작업실의 성패가 달렸다고 해도 과언이 아니다. 안정적으로 자리를 잡은 작업실 대부분 주인장들의 오랜 준비 과정이 있었다. 작업실 오픈 전, 그 준비 과정을 하나씩 짚어 본다.

PLUS INFO STEP 1

나에게 맞는 작업실 타입 찾기

작업의 종류와 목적에 따라 작업실의 형태도 달라진다.
내게 맞는 작업실을 어떤 타입일까 미리 짚어 본다.

TYPE 01
오직 개인 작업
▶ 오피스텔, 원룸, 주택 작업실

혼자만의 작업 공간을 원한다면 평수가 그리 크지 않아도 된다. 작업대와 수납장, 손님 접대용 테이블 정도만 놓아도 된다면 7평 이하의 뒷골목의 조용한 곳이나 주택가나 오피스텔 등이 제격이다. 그러나 작업의 내용도 고려 대상이다. 비슷한 작업을 하는 이들이 모여 있는 곳이라면 정보교환에도 유리하다.

TYPE 02
개인 작업+레슨
▶ 오피스텔, 원룸, 상가 작업실

만약 수강생을 가르치는 레슨까지 생각하고 있다면 수강생들이 쉽게 오갈 수 있도록 교통 입지가 좋은 오피스텔이나 원룸, 상가 작업실이 적합하다. 많은 사람들이 드나드는 만큼 외진 곳보다는 번화가에서 살짝 벗어나더라도 사람들의 왕래가 어느 정도 있어야 한다. 지하철 역, 버스 정류장에서 가깝거나 대로변, 큰 길가에서 그리 멀지 않은 골목 등에 위치한 곳이 좋다.

TYPE 03
개인 작업+레슨+숍
▶ 상가

작업실을 하면서 쇼룸이나 숍까지 함께 내려고 한다면 단연 상가가 가장 적합하다. 내부가 보이는 상가 건물이어야 지나가는 사람들의 시선을 잡을 수 있기 때문. 이때 유동인구가 많은지, 주변 상권과 이질적이지는 않은지, 주로 방문하는 연령대가 자신이 선보이고자 하는 제품이나 작품과 잘 맞는 지도 고려해 보아야 한다.

TYPE 03
개인 작업+레슨+숍+카페
▶ 상가

숍을 병행하는 경우, 동종 업계가 없는 곳이 반드시 유리한 것은 아니다. 오히려 기존의 동종업계로 상권이 형성되어 찾는 사람이 많을 수 있다. 단골이 많은 것도 중요하지만 유동인구가 많은 것이 더 유리하다. 유동인구를 분석할 때도 단순히 사람들이 지나치기만 하는지, 주변을 둘러보면서 여유 있게 걷는지, 관광객이 많은지, 직장인들이 많은지 등을 반드시 살펴보아야 한다.

"핫 이슈!" 컨테이너 작업실, 어떻게 만들까?

일반 건물이 아닌 컨테이너에 작업실을 마련하는 경우가 점점 늘고 있다.
컨테이너 작업실의 장점과 작업실로 만들려면 어떤 것들이 필요한지 알아본다.

장점 VS 단점 비교 한번쯤 갖고 싶은 컨테이너 작업실. 하지만 가격(중고 100만원 이상, 새 것 300만원 이상)도 만만찮은 데다 수도부터 난방까지 모두 별도의 작업이 필요해 넉넉한 준비 시간이 필요하다.

장점

이동이 쉽다
컨테이너이기 때문에 크레인이나 지게차로 쉽게 이동할 수 있어 작업실 위치를 마음대로 바꿀 수 있다.

창을 많이 낼 수 있다
컨테이너는 철제로 만들어지기 때문에 쉽게 절단이 가능하다. 창을 크게 내고 싶거나 여러 개 내고 싶다면 제작을 의뢰하면 된다.

독립적인 공간을 가질 수 있다
독채로 된 작업실을 가지는 경우이기 때문에 다른 사람의 방해를 받지 않고 작업에 몰두하기에 좋다. 공동 작업보다는 개인 작업에 더 어울린다.

단점

넓은 평지가 필요하다
컨테이너이다 보니 도심보다는 비교적 넓은 평지가 있는 곳에 설치하는 게 낫다. 따라서 도심에서 벗어난 곳에 있는 경우가 많아 접근성이 떨어진다.

단열이 취약하다
철제로만 되어 있기 때문에 단열이 전혀 되지 않는다. 단열을 제대로 하려면 반드시 스티로폼 등의 단열재를 넣고 목공 작업을 한 번 더 해 주어야 한다.

부식의 위험이 있다
철제라 부식이 쉽게 될 수 있다. 부식을 막는 페인트를 칠하거나 컨테이너를 땅에서 떨어지도록 시공을 하는 것이 현명하다.

작업실 예산 짜기

나만의 작업실을 갖고 싶다면 '작업실 오픈 계획서'부터 준비해 보자. 작업실 오픈에 필요한 것을 적으면서 예산을 짐작할 수 있다. 초기 자금 내에서 필요한 항목에 따라 어느 정도의 비율로 책정해야 손실 없이 작업실을 오픈할 수 있는지 알아본다.

도움말 소자본창업협회

초기 자금 기준! 리스트별 예산 비율

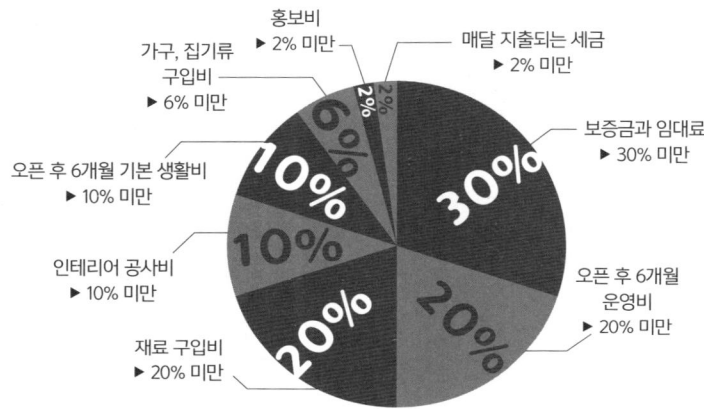

30% ⇩ ▶ 보증금과 임대료
계약 기간이 끝난 시점에서 다시 돌려받기는 하지만 초기에 가장 큰 목돈이 들어가는 항목. 자신의 초기 자본에서 30%를 넘지 않는 곳을 찾는 게 적당하다.

20% ⇩ ▶ 오픈 후 6개월 운영비
약 6개월간의 임대료, 홍보비, 식대, 재료 구입비 등도 예산 리스트에 포함시켜야 한다. 의외로 지출이 많을 수 있으므로 20% 정도는 잡는 게 낫다.

▶ 20% ⇩ ▶ 재료 구입비
욕심껏 재료를 많이 사오면 남거나 재고가 될 수 있기 때문에 초기에는 꼭 필요한 양만 구입하고 필요할 때마다 구입한다.

10% ⇩ ▶ 인테리어 공사비
전문가를 불러야 하는 수도 설비, 전기 시설, 가스 설치비 등을 제외하고 셀프 인테리어를 하면 비용을 아낄 수 있다.

10% ⇩ ▶ 오픈 후 6개월 기본 생활비
안정기까지의 기본 기간은 최대 6개월 정도로 잡는다. 수익이 나기까지의 6개월 기간 동안 필요한 생활비도 초기 자금에 포함시켜야 한다.

6% ⇩ ▶ 가구, 집기류 구입비
반제품으로 구입해 직접 조립하고 페인팅을 하거나 버려진 가구를 리폼한다면 완제품 가구 구입보다 2분의 1 이상 비용을 절감할 수 있다.

2% ⇩ ▶ 홍보비
판매를 위한 숍을 병행하려 한다면 일정 부분은 홍보비로 책정하는 것이 좋다.

2% ⇩ ▶ 매달 지출되는 세금
한동안 수입이 일정하지 않으므로 매달 부과되는 세금을 여유 있게 책정하는 것이 좋다. 대신 초기 자금의 2% 이내로 잡고 그 안에서 해결하려 노력하자.

작업실 선택 시 체크 포인트

작업실을 선택할 때는 여러 가지 요소를 짚어 봐야 한다. 종일 한 장소에서 작업을 해야 하므로, 작업의 특성을 고려해 살펴보자. 특히 숍을 겸할 예정이라면 사업자 등록, 용도 변경 등이 가능한지가 우선 고려사항이다.

● **계약 기간** 일반적으로 전월세의 계약 기간은 2년이지만 다시 한 번 계약 기간까지 있을 수 있는 지 확인해야 한다. 특히 오래된 건물이나 골목 같은 경우 급작스러운 재개발 결정으로 작업실을 빼야 하는 경우도 드물게 있다.

● **채광** 작업실의 채광은 중요하다. 햇빛이 들지 않는다면 작업실이 습해짐은 물론, 전기세 등의 관리비에도 영향이 있다.

● **환기** 베이킹, 요리, 캔들, 비누 제작, 목공 등의 작업실인 경우 큰 창이 있는지, 환기 시설이 설치되어 있는 지, 환기 시설을 새로 설치하는데 문제가 없는 지 등을 살펴본다.

● **전기** 오래된 건물의 경우 조명을 여러 개 설치해도 무리가 없는 지 미리 점검해 보아야 하고, 개별적으로 전기 사용량이 체크되는 지도 알아보는 게 좋다.

● **수도와 가스** 수도와 가스 시설을 써야 하는 작업이라면 수도와 가스 시설이 없을 때 새로 설치 시 관을 끌어오는 데 문제가 없는 지, 수도와 함께 배수가 원활하게 될 수 있는 지 등도 체크해야 한다.

● **화장실** 작업실 안에 화장실이 없다면 공용 화장실의 사용 관리비도 알아볼 필요가 있다. 특히 레슨을 하거나 판매를 한다면 작업실 내에 화장실을 갖추는 게 좋다.

● **사업자 등록, 용도 변경 가능 여부** 판매가 이어진다면 반드시 사업자 등록을 해야 하는데 간혹 주인이 이를 꺼리는 경우가 있다. 또한 이전에 용도가 주거용이었다면 카페나 판매업 용도로는 사용할 수 없으므로 용도를 변경해야 하는데 가능한지 먼저 알아본다.

● **인테리어 변경 가능 여부** 인테리어를 새로 하겠다고 결심했다면 어느 정도까지 가능한지 꼼꼼히 체크해야 한다. 주인이 이를 거부할 수도 있고, 자신이 하고자 하는 인테리어가 불가능한 건물일 수도 있기 때문.

● **권리금 여부** 1층 상가인 경우 권리금이 있는 경우도 있다. 상권이 활성화된 인기 지역이라면 그럴 가능성이 높다. 권리금을 주어야 한다면 1년 안에 권리금이 회수될 정도로 매출이 있어야 한다는 점을 명심하자.

PLUS INFO
STEP 4

작업실 계약하기

사전 점검이 끝났다면 이젠 작업실을 계약할 때다. 하지만 계약 시에도 꼼꼼하게 체크해야 할 것들이 한두 가지가 아니다. 그 필수 리스트를 알아본다.

**STEP 01
계약서 작성 전
등기부등본 확인**

계약 전 반드시 등기부등본을 확인해 건물에 근저당 설정이 되어 있지는 않은지, 어느 정도가 안정선인지 알아보아야 한다. 등기부등본은 부동산 중개소나, 대법원 인터넷 등기소(www.iros.go.kr)에서도 수수료만 내면 확인이 가능하다. 상가라면 상가 건물 임대차보호법에 의해 보호를 받을 수 있는 지도 확인한다.

**STEP 02
계약서 내용
꼼꼼하게 보기**

계약서를 작성할 때는 부동산 중개소를 이용하는 게 보다 확실하다. 계약서에는 임대 보증금, 월세, 위약금 등의 금액 관련 사항이 정확하게 기재되었는지 몇 번이고 확인할 필요가 있다. 특히 특약사항이 있다면 계약서 상에 반드시 기재해서 서면화해 두어야 한다.

**STEP 03
시설물의
원상복구 내용 확인**

계약 시에는 건물주나 소유주가 인테리어를 마음대로 해도 된다고 허락했다고 해서 안심할 일이 아니다. 임대인은 시설물의 원상복구가 의무이기 때문. 혹시 모를 위험에 대비한다면 계약서를 쓸 때 특약 사항에 이를 포함시키는 것이 필요하다.

**STEP 04
실 건물주,
소유주와 계약하기**

등기부등본상에 게재되어 있는 건물주, 혹은 소유주와 계약을 해야 한다. 만약 그렇지 않고 대리인이 나올 경우, 건물주나 소유주가 직접 작성하고 날인한 위임장과 인감증명서를 확인하고 본인과 통화를 하는 등 확인절차가 꼭 필요하다.

**STEP 05
확정일자 받기**

전월세 계약뿐만 아니라 작업실 역시 확정일자를 받아 예기치 않은 상황에 대비해야 한다. 임대차 계약서 원본과 사업자 도면, 본인 신분증, 사업자등록 신청서를 구비해 작업실 소재지의 관할 세무서 민원봉사실에 신청하면 된다.

PLUS INFO
STEP 5

사업자 등록하기

작업실을 얻었다면 이제 사업자 등록을 해야 할 시점이다. 오직 개인 작업만을 위한 공간이라면 사업자 등록이 필요 없겠지만, 제품을 판매할 요량이라면 사업자 등록은 필수다. 일정의 소요 기간이 필요하므로, 기간을 갖고 준비하는 게 좋다.

업종별 필요 서류 체크!

온라인 판매 ▶ 통신판매업 신고증
온라인 판매를 한다면 사업자등록증 외에도 통신판매업 신고증을 발부받아야 한다. 신청과 수령 모두 소재지 관할 시, 군, 구청 지역경제과에서 할 수 있다. 인터넷 신고 시에는 공인인증서, 구매안전서비스 이용확인증(오픈마켓이나 은행에서 직접 발급), 사업자등록증이 필요하다.

식품 관련 판매 ▶ 식품영업허가증
식품을 제조해서 작업실 안에서 만약 판매까지 이루어진다면 식품영업허가증을 반드시 발부받아야 한다. 소재지 구청 보건위생과에 문의하면 자세히 알 수 있다. 발부 절차는 '한국식품협회 교육 이수 → 보건소 건강진단결과서 발부 → 구청에 영업신고 신청'을 따른다.

카페 ▶ 위생교육필증+안전시설 완비증명서
카페를 겸하려고 한다면 휴게 음식점으로 신고를 해야 하는데 이때 위생교육필증, 안전시설등 완비증명서 등이 필요하다.

미용실 ▶ 공중위생영업 신고 필요
미용실을 오픈하려고 한다면 미용면허증을 제출하고 공중위생영업으로 신고를 마쳐야 한다.

출판업 ▶ 출판사등록필증
출판업의 경우 면세업자에 해당하기 때문에 사업자등록 전에 반드시 출판업 등록부터 해야 한다. 출판사등록증을 갖추고 사업자등록을 신청하면 된다.

사업자 등록이란?
판매를 함께 할 목적이라면 일정한 서류를 첨부한 사업자 등록 신청서를 관할 세무서에 제출해야 한다. 사업자는 개인사업자와 법인 사업자가 있으며, 단독으로 운영한다면 개인 사업자로 등록하면 된다. 여기서 개인 사업자는 부가가치세 면세 사업자, 과세 사업자로 나뉘고, 다시 과세 사업자는 일반 과세자와 간이 과세자로 나뉜다. 연매출 4천8백만 원 이하는 간이과세자이고, 이상은 일반 과세자이다. 자신의 작업실 규모를 고려해 신청한다.

필요 서류
- 사업자 등록 신청서
- 사업자 본인의 신분증과 도장
- 임대차 계약서 사본 1부(사업장을 임차한 경우)
- 사업 허가증, 등록증 또는 신고필증 사본 1부(인가 허가 및 신고, 등록을 하여야 할 사업의 경우)
- 동업 계약서(2인 이상 공동으로 사업을 하는 경우 공동 사업 사실을 증명할 수 있는 서류)

-287-

운영 중 겪게 되는 예상 문제 미리 보기

작업실을 내겠다고 결정했다면 다양한 변수도 고려해야 한다.
작업실을 잘 유지하려면 어떤 것들이 필요할까? 이미 작업실을 오픈한 선배들이
알려 주는 누구나 겪는 작업실을 둘러싼 트러블 6.

01 수입이 불규칙하다?

작업실 오픈 시 불규칙한 수입에 대해 어느 정도 예상해야 한다. 기존에 거래를 하던 곳이 있지 않다면 말이다. 특히 숍을 함께 한다면 홍보가 많이 되지 않은 초창기에는 손님의 거의 없을 수 있다. 디자인, 컨설팅, 프로젝트 진행 등의 일을 하는 직업 역시 작업을 끝낸 뒤 결제까지 몇 개월이 훌쩍 지나가 버릴 수 있다.

02 의외의 지출이 생긴다?

작업실을 유지하는 데에는 월세 외에도 많은 비용이 지출된다. 작업실에서 사계절을 나보지 않은 이상 관리, 유지비가 어느 정도 드는 지 예상하기란 어렵다. 생각보다 여름에 더워서 전기세가 많이 나갈 수도 있고, 겨울에 너무 추워 난방비 폭탄을 맞을 수도 있다. 주변에 비슷한 작업실이 있다면 방문해서 실질적인 조언을 듣는 게 대비책이다.

03 인테리어로 인한 문제가 발생한다?

비용 절감을 위해 선택한 셀프 인테리어가 예상치 못한 지출을 가져올 수도 있다. 인테리어 효과를 위해 여러 가지 조명을 달았더니 전기세가 너무 나온다던지, 벽지 위에 페인트를 발랐는데 장마철에 곰팡이가 피어오르는 등 전문적인 지식 없이 남들 하는 대로 따라했다가 낭패를 보는 경우다. 종종 갑자기 주인이 문제를 삼는 경우도 있다. 인테리어 전, 주인과의 자세한 상의는 반드시 거쳐야 한다.

04 재고가 쌓인다?

판매용 제품을 제작한다면 수요와 공급의 균형 맞추기가 처음에는 쉽지 않은 일이다. 생각보다 덜한 반응으로 재고가 쌓인다거나, 갑자기 수요가 늘어 물건이 부족할 수도 있다. 온라인 판매의 경우도 마찬가지. 특히 제품 특성상 단 시간 내에 판매해야 하는 베이킹, 잼과 같은 식품과 플라워 등은 매일 조금씩 만들면서 수요를 체크해 나가야 한다.

05 고객이 클레임을 걸어온다?

제품 판매를 겸한 작업실이라면 고객 클레임도 미리 생각해 두어야 한다. 작업 도중 맞게 되는 고객에게 조금만 소홀하거나 원하는 제품이 없다면 불만을 가질 수도 있기 때문이다. 간혹 황당하게 물건 값을 깎으려 든다던지, 무리한 요구를 하는 경우를 겪을 수도 있다. 비슷한 작업실을 운영하는 선배들에게 조언을 구하는 것이 현명하겠다.

06 파트너와 트러블이 잦다?

작업실을 공유하거나 함께 운영하는 파트너가 있다면 소통에 문제가 생길 수 있다. 특히 파트너가 친한 친구이거나 가족이라면 사이까지 틀어질 수도 있기 때문에 무엇보다 많은 대화는 필수다. 그 전에 작업실 운영에 있어 서로의 파트를 분명하게 나누는 것이 좋다. 처음부터 세금 문제, 홍보, 마케팅, 유통, 제작, 디자인 등 분야를 세분화해서 파트너와 담당할 분야를 분명하게 정한다.

> *사전 경험은 필수 코스!*
> *동종목의 작업실 방문하기*
>
> 자신이 내고자 하는 작업실의 성격과 형태에 맞는 작업실을 수소문해서 방문해 보는 것이 필요하다. 특히 숍이나 카페를 겸하고 있다면 주변 여건부터 작업실의 위치, 손님들의 연령층, 성별, 구매 횟수까지 꼼꼼하게 봐야 한다. 만약 지인 중에 작업실을 먼저 운영하고 있는 경우가 있다면 반드시 경험담을 미리 들어 보는 게 좋다. 직접 방문하는 것과 마찬가지로 작업실을 운영하는 이들의 블로그나 SNS를 유심히 보는 것도 도움이 된다.

PLUS INFO
STEP 7

셀프 인테리어 스타트

작업실도 구하고, 꼼꼼하게 계약도 마치고 필요한 인허가 관련 내용을 모두 점검했다면 이제 본격적으로 인테리어에 들어갈 차례다. 셀프 인테리어를 할 경우 페인팅부터, 바닥 시공, 조명까지 어떻게 해야 할지 살펴보았다.

도움말 김재화 실장 (멜랑콜리 판타스틱 스페이스 리타)

용도에 맞는 페인트 구입

작업실 벽이나 천장, 문틀 등에 페인팅을 하려고 한다면 용도에 맞는 페인트 선택이 우선이다. 페인트는 수성, 유성, 에나멜, 락카 등이 있는데 수성 페인트가 바르기도 쉽고, 관리하기도 편하다. 벽지 위에는 벽지 전용이 적합하고, 목재 문이나 창틀은 목재 전용을 고르도록 한다.

페인트칠할 때는 보양 작업 꼼꼼히

벽이나 천장, 문 등에 페인트를 바를 때는 페인트가 묻지 않아야 할 부분에 마스킹테이프나 비닐을 붙이고 해야 마감이 깨끗해진다. 그렇지 않을 경우 몰딩이나 콘센트, 바닥 등에 페인트가 묻어 지저분해질 수 있다.

벽지는 가급적 떼지 말고 칠하기

벽에 벽지가 있다면 제거하지 않는 게 현명하다. 벽지를 말끔하게 뜯어 내기도 어려울 뿐만 아니라 면이 고르지 않고 울퉁불퉁해지기 쉽기 때문. 만약 벽지가 들떠서 제거해야 한다면 최대한 깔끔하게 떼어 내는 작업이 필요하다.

젯소 칠하기

젯소는 페인트 색을 제대로 내기 위해 가장 먼저 바르는 하도제의 일종이다. 원래 흰 벽면이라면 그 위에 페인트를 칠해도 무방하지만 컬러나 무늬가 화려하다면 반드시 젯소 작업을 해야 원하는 컬러가 나온다.

롤러와 브러시 사용법 익히기

롤러는 붓이 닿기 힘들거나 넓은 면적을 칠할 때 주로 사용한다. 위에서 아래 방향으로 면을 겹쳐가면서 발라 주는데 페인트가 뭉칠 수 있으므로 여러 번 롤러 질을 해야 한다. 브러시는 비교적 좁은 면적을 칠할 때 유용하다. 위에서 아래로 칠을 하고, 브러시 자국이 남을 수 있기 때문에 저렴한 브러시보다는 브러시 질이 좋은 것을 고르는 게 좋다.

바니시로 마무리하기

바니시는 마감재의 역할을 하는데 흔히 가구에 페인트를 칠할 때 많이 사용하는 것으로 먼지나 오염으로부터 표면을 보호하고 습기로부터 보호해 준다.

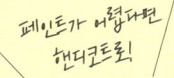

셀프 인테리어의 기본 중 하나는 역시 페인팅이다. 하지만 혼자 페인팅하기가 어렵다면 핸디코트를 선택해도 좋다. 핸디코트는 마감재의 일종으로 벽의 구멍을 메우거나 면을 고르게 하는데 주로 사용되었지만 페인트 대신에 인테리어 용도로 많이 바르기도 한다. 손이나 헤라로 슥슥 바르기도 쉽고, 반영구적으로 사용할 수도 있어 실용적이다.

바닥 시공

먼저 바닥의 수평 상태 확인
오래된 건물일 경우 바닥이 기울어졌거나 일부가 깨졌거나 움푹 들어간 부분이 있을 수 있다. 콘크리트 작업을 한 번 더 해야할 지도 모르니 전문가의 상담을 받아 보는 것도 필요하다.

초보자에겐 장판이나 데코타일이 제격
바닥 시공의 경험이 전혀 없다면 장판과 데코타일을 추천한다. 장판은 별다른 기술 없이도 시공할 수 있고, 데코타일은 전용 본드와 헤라만 있으면 된다. 데코타일을 깔 때에는 먼저 전용 본드를 헤라로 골고루 펴 바르고 타일을 하나하나 맞춰서 붙이면 된다.

나무 바닥 시공은 초보자에겐 무리
나무 바닥은 전문적 기술을 요하는 작업이다. 적당한 간격을 맞춰 본드를 붙여 가야 하고 습기로부터 보호하기 위한 마무리 작업도 중요하다.

TIP

에폭시 시공법
에폭시 시공은 냄새가 엄청나다. 냄새 때문에 이웃에 피해를 줄 수도 있으므로 시공 전 반드시 양해를 구하는 것이 좋다. 완전히 마르고 냄새가 다 빠지길 기다렸다가 가구를 들여놓도록 한다.

바닥에 튀어나온 부분 정리하고 청소하기
에폭시를 하기 전 바닥이 튀어나온 부분이 있다면 정리하고 먼지 등이 남아 있지 않도록 청소도 깨끗하게 해주어야 한다.

수평 몰탈 시공하기
에폭시를 하려면 바닥이 시멘트 바닥이어야 한다. 분말 시멘트에 물을 넣어 완전히 섞은 후 바닥에 붓고 편다. 수평 몰탈은 분말 시멘트를 바닥에 부었을 때 자연스럽게 수평이 맞춰지는 것을 뜻한다.

에폭시 하도제 바르기
시멘트가 다 마르고 나면 하도제에 경화제를 넣고 잘 섞은 후 바닥 전체에 바른다. 다 마르면 한 번 더 바른다.

에폭시 상도제 바르기
상도제에도 경화제를 섞고 전체적으로 꼼꼼하게 바른다. 완전히 마를 때까지 시간을 두고 기다린다.

조명

STEP 01
누전 차단기 끄기

셀프 인테리어에서 조명이 차지하는 비중이 크다. 그러나 조명을 교체하는 데에는 세심함이 필요하다. 그중에서 가장 중요한 것은 누전 차단기를 내리고 조명을 바꾸는 일이다. 고무로 코팅된 장갑을 끼고 작업을 하는 것이 안전하다.

STEP 02
낡은 전등 떼기

교체할 전등을 천장에서 떼어 낼 때에는 전선 줄을 내린 후 펜치로 중간 부분을 자르는데 이때, 전선을 한 가닥씩 잘라야 한다. 한꺼번에 자를 경우 합선이 될 수도 있어서 위험하다. 두 전선을 새 조명의 연결 단자에 연결할 때는 절연 테이프로 마무리한다.

STEP 03
천장이 조명의 무게를 지탱할 수 있는 지 확인

천장에 석고보드가 설치되어 있다면 석고보드 안에 각재가 있어 조명을 지탱해 준다. 천장 상태에 따라 견딜 수 있는 무게가 다르므로, 무게를 고려해서 조명을 선택하고 되도록 장식이 너무 많은 디자인은 피하는 게 좋다.

STEP 04
스탠드 조명 활용

작업실을 밝게 하기 위해 조명을 여러 개 설치해야 하는데 여건이 되지 않는다면 스탠드 조명을 곳곳에 두는 것도 방법이다. 특히 물건을 전시하는 쇼룸에 두면 스포트라이트 효과를 낸다.

TIP

셀프 인테리어라도 꼭 전문가에게 맡겨야 하는 것들

01 수도공사
수도와 함께 배관이 이루어져야 하고, 잘못 할 경우 누수가 될 위험이 있으므로 주의해야 한다.

02 전기공사
전기공사나 누전기 설치는 전문가에게 의뢰한다. 자칫 건물 전체의 전기 공급이 끊길 수도 있다.

03 가스공사
기존 시설이 여의치 않아 가스와 관련해 새로 공사를 하게 될 경우, 반드시 전문가의 도움을 받아야 한다.

전체 컬러 톤 맞추기

10평 미만의 작업실의 경우 벽이나 천장, 바닥, 그리고 가구의 컬러 톤을 맞추는 것이 중요하다. 그래야 공간이 답답해 보이지 않기 때문이다. 남들과는 다른 독창적인 공간을 원하는 것이 아니라면 모노톤이나 내추럴 컬러 톤으로 컬러를 통일하는 것이 좋다.

독특한 디자인이나 컬러의 가구로 포인트

작업실을 좀 더 개성 있게 꾸미고 싶다면 포인트 가구를 한두 가지 정도 믹스한다. 디자인이 색다른 조명을 달거나, 평범하지 않은 작업대를 고르거나, 튀는 컬러의 의자를 놓는 것도 좋겠다.

편안한 분위기를 원한다면 사용하던 가구 활용

내 집 같은 편안하고 내추럴한 공간을 원한다면 이미 익숙하고 사용감이 있는 가구를 작업실로 가져와 보자. 집에 있을 때와는 다른 분위기를 낼 수도 있고, 작업실이 안정적으로 느껴진다.

좋아하는 소품으로 스타일링

평소 모으는 소품이 있다면 작업실 인테리어를 살릴 수 있는 포인트가 될 수 있다. 작업실을 열기 전부터 조금씩 소품을 모아 둔다면 한꺼번에 구입을 하지 않아도 되니 경제적으로 부담이 덜하다.

자신이 없다면 반제품으로

가구를 직접 제작하고 싶지만 전혀 배운 경험이 없다면 조립만 하면 되는 반제품을 이용하자. DIY 인터넷 쇼핑몰에서 구입하면 간편하다. 대신 페인트나 스테인, 바니시 작업은 따로 해야 한다.

원하는 사이즈에 맞춰 재단해 주는 인터넷 쇼핑몰

톱질도 서툴고, 어떻게 나무를 재단해야 할지도 모르겠다면 DIY 인터넷 쇼핑몰을 이용하거나 근처 목공소에서 사이즈대로 주문을 하는 것이 낫다. 원하는 사이즈별로 나무를 재단해 주어 편리하다.

리폼으로 간단하게 새것처럼

반제품으로 만드는 것조차 부담스럽다면 있던 가구를 간단하게 리폼하는 것도 방법이다. 목재용 페인트를 이용해 컬러를 바꾼다든지, 손잡이를 새것으로 교체하는 것만으로도 분위기가 달라질 수 있다.

> PLUS INFO
> **STEP 8**

작업실 오픈 준비

인테리어까지 마치고 작업실 오픈까지 얼마 남지 않았다. 이제 슬슬 오픈 파티는 어떻게 할지, 작업실을 홍보해야 한다면 어떤 식으로 해야 할지 고민할 때다. 작업실 오픈을 위한 유용한 팁을 모았다.

독창적인 작업실 이름 짓기
작업실 이름도 경쟁력이다. 개성 있고 한 번 들어도 귀에 쏙쏙 들어오는 이름은 쉽게 기억되고 홍보 효과로도 이어진다.

블로그나 카페 적극 활용하기
블로그를 운영하고 있다면 홍보가 보다 쉬워진다. 작업실을 구하기부터 셀프 인테리어하는 과정을 차례로 올리면 궁금증과 흥미를 높일 수 있다. 혹은 활동하고 있는 인터넷 카페에 글을 올리는 것도 좋은 방법이다. 포털 사이트에 검색이 허용되도록 한다면 더욱 효과적.

프리마켓에서 먼저 알리기
작업한 아이템을 가지고 프리마켓에서 판매를 해 보면서 소비자들의 반응을 미리 알아보는 것도 경험이다.

SNS를 통하면 빠르다
작업실을 알리고 싶다면 수시로 SNS에 일상을 올리고 적극적으로 활동을 할 필요가 있다. 오픈 파티를 비롯해 다양한 작업실 오픈 소식을 알리자.

팸플릿, 리플릿 활용
작업실에 한두 번 오는 손님들의 마음을 잡는 일도 중요하다. 그 준비로 오픈 전에 작업실을 소개하는 팸플릿, 리플릿 등을 만들어 둔다.

판매를 한다면 잔돈과 카드 단말기 확인
숍을 병행한다면 오픈 날 판매가 이루어질 수 있기 때문에 거스름돈으로 필요한 현금이나 카드 단말기가 제대로 작동하는지 한 번 더 점검한다.

나도 작업실 해볼까?

2015년 5월 4일 초판 1쇄 인쇄
2021년 4월 5일 3쇄 발행

저 자	//	김하나
펴낸이	//	문영애
사 진	//	박종혁 histudio
디자인	//	렐리시
디자인 어시스트	//	박태준
출력&인쇄	//	도담프린트

ISBN 978-89-6993-006-4 13590

펴낸 곳	//	수작걸다
주 소	//	경기 용인시 수지구 동천로64
이 메 일	//	suzakbook@naver.com
인스타그램	//	@suzakbook

수작걸다는 '말과 말을 걸다'라는 뜻의 출판 브랜드입니다.

이 책은 저작권법에 따라 보호받는 저작물이므로 무단 전재와 무단 복제를 금지하며,
이 책 내용의 전부 또는 일부를 이용하려면 반드시 저작권자와 수작걸다의 서면 동의를 받아야 합니다.
* 잘못된 책은 바꾸어 드립니다.